FP《ファイナンシャルプランナー》
たけやきみこ先生が

娘に伝えたい。お金の話

10歳からはじめたい金融教育

たけやきみこ 監修
カツヤマケイコ 漫画

OKANE no hanashi
by
Kimiko Takeya
Keiko Katsuyama

小学館

はじめに

女性には男性と異なり、結婚・離婚、子育て、退職や再就職以外の主なライフイベント（人生で起こる大きな出来事）として出産が考えられます。それらのライフイベントのたびに、ライフプラン（生活設計あるいは人生設計）を再構築しなければならなくなります。

特に出産は、産後の状態が悪ければ、仕事への復帰も難しくなるでしょうし、仕事を変えなければならないということもあるかもしれません。一度、退職をしてしまうと、再就職のハードルは高くなり、子どもが小さければなおさらです。私も悔しい思いや経験をしてきました。女性のライフプランは、20代に思い描いたプランのままとはなかなかいかず、何度もその修正を経験されているという人は多いのではないでしょうか。

そして、ライフプランを考える上で、大切なキーワードは「お金」。生きていくためには、必要不可欠なものですね。自分の子には、お金の苦労はせず、幸せな人生を送ってほしいと願うのは親として当然のことです。

私には社会人の娘がおります。娘には「お金の教育」を子育ての中で実践してきました。その目的は「生きるチカラ」を付けること。最終的な理想は自分の手でライフプランを立て、生活設計を考えながら生きていけるようになることです。

一方で、人生には仕事やお金に困ってしまう場面もあるでしょう。そんなときこそ、立ち上がることをあきらめるのではなく、今どうすればいいのかを考え、自分の道を信じてそれを実行できる人になってもらいたいというのがこの教育の真髄だと思ってやってきました。

現在は私たち個人が生活設計を考えなければならない「自立の時代」です。国や会社にも依存はできません。必要なお金は自分で稼ぐ時代。でも、苦しいときは支援制度やサポートなどを頼れるようにするのも親として教えておきたい。

本書では、「娘に伝えたいお金の話」として、10歳くらいからの娘さんをお持ちの保護者の方を対象に、お金をテーマに幅広い内容を網羅しています。

大切なお金のことを、これから人生を歩んでいく大切な娘さんに伝えて頂けたら幸いです。

たけや　きみこ

目次

Contents

Introduction

お金の教育

Volume 1

くらしとお金

Volume 2

お金を稼ぐ

Volume 3
お金を貯める

Volume 4
見えないお金（キャッシュレス）

Volume 5
金銭トラブル

Volume 6

頼れるお金

Volume 7

結婚・子育て

・掲載された情報は2023年12月時点の情報であり、今後変更される可能性がありますのでご留意ください。
・本書の情報については細心の注意を払っておりますが、正確性および完全性等について一切保証するものではありません。
・本書の情報はあくまで情報提供を目的としたものであり、特定の商品についての投資の勧誘や売買の推奨を目的としたものではありません。
・本書の情報によって何らかの損害を被ったとしても、出版社および監修者、本書の制作に関わった関係者は
理由のいかんを問わず責任を負いかねます。ご自身の判断と責任で行ってください。

登場人物

たけやきみこ先生

「人生の生活設計をするためには、子どものころからお金の正しい知識を持つことが大切」と全国で講演会をひらくFP（ファイナンシャルプランナー）。女の子と男の子の親でもある。

宮川家

離婚から一念発起し、雑貨の輸入代理店を起業。社会人1年目のミワ、小学6年生のコースケと3人で頑張っている。

谷家

人事課勤務の正社員のママ、同じ会社のパパ、楽しいことに流されがちな大学2年生のマコとの3人暮らし。

高木家

事務のパートを週3でこなすママ、あわてんぼうなパパと推し活命の高校3年生のマナミ、中学2年生のユータの4人家族。

Introduction

お金の教育

都内某マンション
うわっ
電気ご使用量のお知らせ
23年4月分
ご使用量 385kwh
請求予定金額 13,945円
ご契約 50A
今月の電気代すごいことになってる!?
きびしいなぁ…パートのシフト増やそうかしら…
あら高木さん
宮川さん谷さん――
お仕事帰り?
そう帰りのバスで一緒になって

電気代
また
上がったねー
はーっ
もー
カンベン
して
ほしい…
ホント ホント…
マコちゃんはどう?
大学生活
がんばってる?
毎日バイト
ばっかして…
ちゃんと勉強
してんのかしら
バイトえらい
じゃん!
貯金でも
してるの?
まさか!!
何に使って
るんだか…
無駄遣い
ばっかりして
いるわ
見て見てー
ワンピ買ったの♥
かわいくなーい?

うちも持っているお金をほとんど推し活に使ってるみたい…
足りないと前借りしてくるのよ～
アラアラ
掲示板
見てこれ
子どものころから学びた
お金リテラシー講座
お申し込み
○○区教育委員会
「お金のリテラシー講座」だって
へーっ
今度公民館であるみたいよ？
「子どものころから学びたい」か子どもを連れて行ってみようかしら
宮川さん経済学部卒だもんね。いーじゃん！

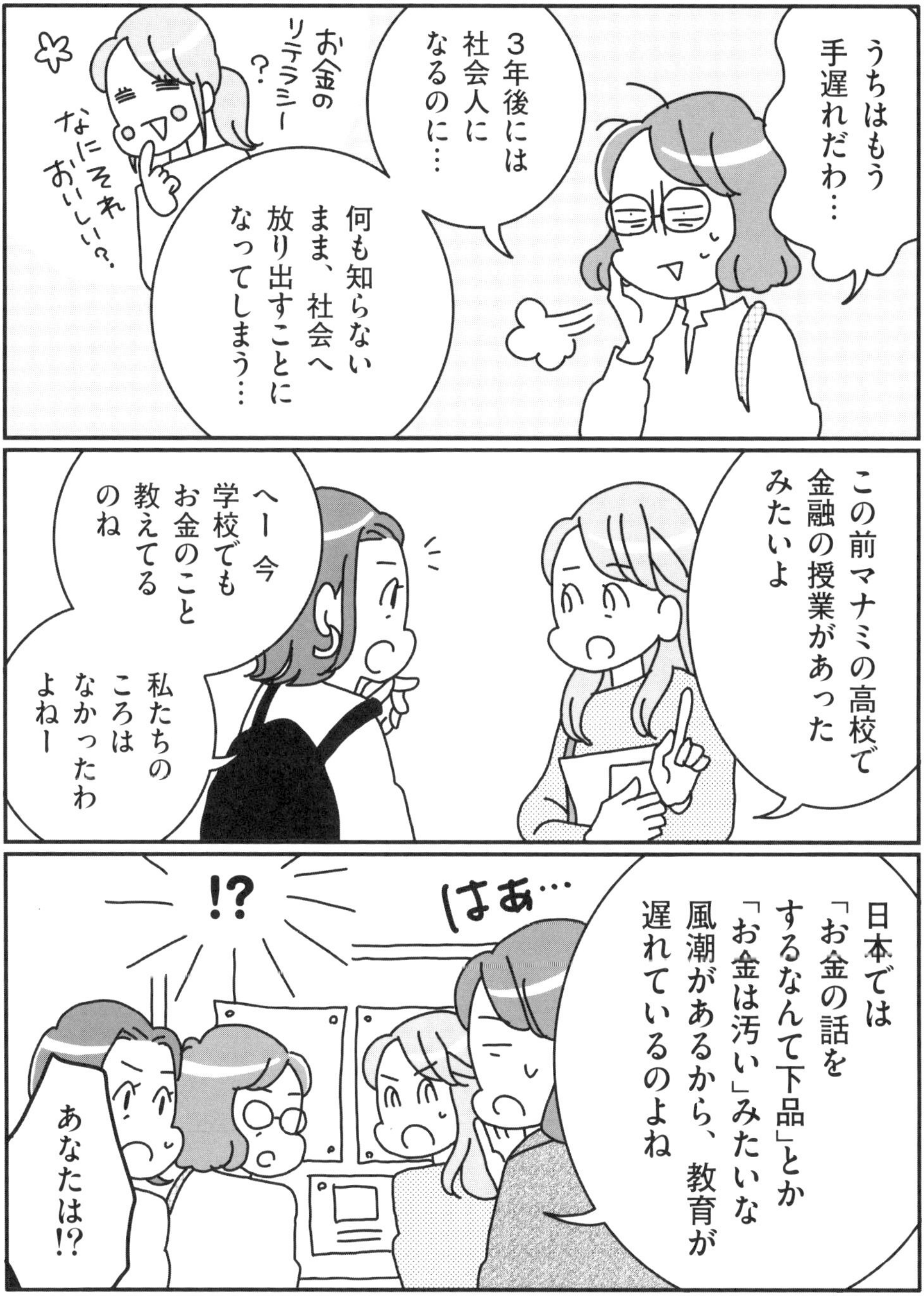
うちはもう手遅れだわ…
3年後には社会人になるのに…
何も知らないまま、社会へ放り出すことになってしまう…
お金のリテラシー？
なにそれおいしい？
この前マナミの高校で金融の授業があったみたいよ
へー今学校でもお金のこと教えてるのね
私たちのころはなかったわよねー
日本では「お金の話をするなんて下品」とか「お金は汚い」みたいな風潮があるから、教育が遅れているのよね
はあ…
!?
あなたは!?

はじめまして。私は「お金の教育」の専門家 ファイナンシャルプランナーのたけやです。
たけや…!? ってこの先生じゃん
本物!?
お金の教育のプロ!!
子どもが子どもでいる時間はとても短いの
「お金で失敗しない大人」「お金に困らない大人」に育ってもらうためにおうちで「お金のこと」について もっと話してほしいんです…
MONEY
そのために全国の学校でお金の話をしているんです
ほー

お金で失敗しない大人…
耳が痛い…
いろいろやらかしてきましたが何か。
家で子どもにお金の話なんてしたことないわ…
学校の教育だけじゃまだまだ足りないですからね
残念ながら…
でも先生！
子どもたちに教えられるほど私自身がお金のこと、わかってません!!
私もー
私もー
しかもうちは娘が大学生まだ間に合うんでしょうか？
もちろんです！
親子で一緒に学んでいきましょう！
はいっ！
リテラシー講座参加します〜!!

お金の教育

Theme 1

メリットいっぱい！お金について教えること

お金のことだからこそオープンに

私は親や祖父母から「人前でお金の話をするなんていやしい」と言われてきました。しかし、今の時代はどうでしょう。買い物の決済はキャッシュレスになり、お金の稼ぎ方や働き方も多様化してきました。お金の需要も大きく変化してきて、お金の話はタブーなんて言っている場合ではありません。

親子で膝を突き合わせて真剣にお金の話をする機会はもっとあってもいいのに、もったいないと思います。普段からご家庭でお金のことを子どもに話してみてください。親が自然にお金の話をできていれば、お金へのイメージも悪いものということはなくなりますし、興味を持ち、大好きになって、お金と上手に付き合えるようになります。

お金を学ぶと、ガツガツしちゃう？

お金は私たち大人にとっても特別な存在。普段、冷静な人が、お金のこととなると急に態度が変わるということもあります。子どもも同じ。普段は決して見えないお金を前にしたときの「横顔」があります。子どものお金への執着度、関心度、距離感を「お金の教育」を通じて、知っていただきたいのです。貯めてばかりの子、使う楽しさに目覚めてしまう子、お金のことばかり聞く子。怖いかもしれませんが、特性を早めに知ってほしいのです。

残念ですが私の経験上、その特性は大人になっても、基本的に変わらないということがわかりました。だからこそ、親の方が子どもの特性をよく理解し、その子に合った教育を考えてほしいと思います。それは親だからこそ伝えられる哲学になります。その結果、子どもの一番の理解者になり、親子の信頼関係を築くことができます。

お金の教育をするメリット

- 子どもがお金を大好きになれる
- お金に対する子どもの「横顔」を知ることができる
- 子どもの特性を知り、足りないところを補うことができる
- 親子の信頼関係を築くことができる
- 親も一緒に学ぶことができる

子どもに合った「お金の教育」を

お金の教育

Theme 2

いつから始めても大丈夫！
思春期からのお金の教育

13歳からでもお金の教育は間に合う

「小学校までの12歳までにお金の教育を始めましょう」とお話をしています。そのころまでは素直に話を聞いてくれることが多く、始めやすいという利点があるからです。思春期に入ると、何かとぶつかることがあり、特にお金に関しては、「さっさと、頂戴!!」と急かされて、渡したらそれっきりなんてこともありがちです。

でも、お金の教育を「する」のと、「しない」のとでは、将来、雲泥の差がつきます。学校でも学ぶ機会があるかもしれませんが、お金にまつわるマナー、トラブル、儲け話など身近な題材や具体的な方法、解決方法などは家庭での教育に頼っている状況とも言えます。会話が減ってくる年ごろにこそ、お金について積極的に伝えていきましょう。

家族で守るルールを決めておく

お小遣いをはじめ、お金の教育を続けていくためには、「ルール」があると安心です。我が家では左ページのような「ルール5カ条」を作りました。このルールは見えるところに貼って、みんなで守るようにしました。

ルールは数が多すぎないようにして、内容は親が決めましょう。五の「困ったときには、親に相談する」という項目は必ず入れてください。中高生からはお金を使う行動範囲が広がります。危険と隣り合わせの時代ですので、架空請求や悪いバイトの誘いなどに引っかかってしまったときに、親にすぐに相談するようにさせるためです。子どものときのトラブルは親がフォローできるものがほとんど。友達ではなく親に相談してもらうためには信頼関係も大切で、「何があってもあなたの味方」だと日ごろからメッセージを発信し続けましょう。

たけや流

お金のルール5カ条

一 お金の貸し借りは、ダメ（親からの借り入れについては高校生からOK）

家族、友達との貸し借りは基本禁止。ただし親からの借り入れについては、高校生からは「借り入れによる利息」を学校で学びますし、お小遣いやお年玉だけでは買えないものを買うために「お金を借りる」という経験をさせるためにOKとしました。

二 鍵がかかる場所に保管

お金の保管は、お子さんの机があれば、鍵のかかる引き出しなどに保管させ、なければ家の中で保管できる場所を保護者の方が指定してください。友達が遊びに来たときに、財布や貯金箱などが目に付くところにあり、万が一、紛失したら自分だけでなくみんなが嫌な思いをするからです。お金だけではなく、ゲームソフトなど小さくて失くしやすい高価なものも同じです。

三 本当に欲しい（必要）かどうか、3日間考える

欲しいものかどうかを考えることは、ニーズとウォンツについて意思決定することです。常に、考える習慣を付けるようにします。子ども、大人にかかわらず、判断して意思決定することは難しい場面もありますので、訓練あるのみです。

四 お金もものも大切にする（なくなったら探す）

必ず探し物をさせることは、失くしたから新しいものを買えばいいという意識を持たないようにするためです。失くしてしまう行動には、自身に原因があるはず。直していく手がかりを見つけるために必要な行動です。

五 困ったときには、親に相談する

「困ったときには、親に相談する」という項目は必ず入れましょう。また、相談を持ち掛けやすい雰囲気や環境づくりも大切です。どんな状況でも、お子さんを守るという親の覚悟を伝えてください。

お金の管理の基本のキ
13歳からのお小遣い

定額制で管理力を磨く

お小遣いは、自分でやりくりできる「自由なお金」です。限りあるお小遣いをどうやりくりするか、お金の教育の一環として導入してはいかがでしょうか。左ページで、我が家のお小遣い制度をご紹介しますので、参考にしてください。

お小遣いは毎月もらう定額制から始めて、次月のお小遣い日まで、子どもにやりくりさせます。毎月買う雑誌や携帯代、お菓子など、今までは家計から支出してきたものを子どもに任せる場合は、その分お小遣いに上乗せをします。後々、誰が支払うなどとトラブルにならないように、お小遣いを始める前にその範囲を親子で決めておくことが大切です。

管理の方法は、財布がメインになります。記録用に小遣い帳を付けられればいいのですが、難しければ付けなくてもオッケーです。ただし、買い物したときのレシートや領収書は、専用のノートに貼って保管をさせておきましょう。自動販売機などレシートをもらえない買い物をしたときでも、できる限りこのノートに書き留めさせます。

家計簿のように、費目別につけて、計算する必要はなく、「いつ」「何に」「いくら」使ったかがわかるようにしておきましょう。今月はどうして手元にお金がないのだろうと思ったときに、一緒にノートを振り返ってみれば、お金がない理由がわかります。こうして、子どもが自身の消費行動に気づくことができます。

お小遣いを通して、一定期間やりくりする経験を積むことができれば、徐々に管理するチカラも付いていきます。途中で、お金がなくなってしまい、前借りをせがまれても応じないようにしてください。なぜなら、ここで我慢できなくなると、大人になってから軽い気持ちで、キャッシングやリボ払いに逃げてしまうからです。

●㊂たけや家のお小遣い制度

長女

❶ おだちん制

- ▶ 小学2年生から風呂洗い（1回10円）
- ▶ 臨時アルバイト（ビデオの録画）を自分で考案

❷ 定額制（月額）

- ▶ 小学3年生……………500円
- ▶ 小学5年生……………1,000円
- ▶ 中学生…………………2,000円
- ▶ 高校生…………………5,000円
- ▶ 大学生…………………10,000円

長男

❶ おだちん制

- ▶ 小学1年生から風呂洗い（1回10円）
- ▶ 炊飯係

❷ 定額制（月額）

- ▶ 小学2・3年 …………500円
- ▶ 小学5年生……………1,000円
- ▶ 中学生…………………2,000円
- ▶ 高校生…………………5,000円～7,000円
- ▶ 大学生…………………12,000～15,000円

※長男は中学2年生まではおだちん制と定額制を行ったり来たり

高校生からのお金の教育

借金もバイトもあり

借金もアルバイトも経験させる

お金の貸し借りは、高校生からＯＫとしていますが、ただでは貸すことはしません。まず、借りたいお金の使途を子どもにプレゼンしてもらいましょう。そして、返済するためにどう稼ぐか、アルバイトができる環境であれば「働く」経験をしてみましょう。

借金を返済するということは、返済の期日に約束したお金を返すことです。働いて得たお金があっても、何よりも優先して返済に充てなければいけません。もちろん、欲しいものや貯金は二の次になります。つまり、借金をしたら、その返済を最優先すべきという道理を教えなければいけません。

ただ、返済のためにしても、アルバイトは世の中の仕事や職業に触れることができるチャンスです。求人サイトを探してみるとわかるのですが、自分に合った条件はなかなか見つからないものです。その場合、左ページのまとめなどを参考に譲れない条件を見極めて根気よく探させましょう。また、アルバイトが決まったら雇い主と契約を結びますが、その契約書の内容についてしっかり親子で確認するようにしましょう。面接に行ったときには、実際に就労する職場環境を見せてもらうことも忘れずに伝えます。将来の仕事も子ども自身が決めるのですから、このようなプロセスを経験させましょう。

我が家の場合、高校生の息子が自転車を自作したいという理由でその資金を貸しました。息子は返済のために夏と冬の休みを利用したアルバイトも経験しました。本当は夏休みだけのはずが、それでは追いつかず冬休みも働くことになり、しかも給料全額を返済に充てなくてはなりませんでした。汗水流して働いて得たお金なのに、自分の自由にならないという経験をしました。その貴重な経験は大人として独り立ちしたあとも、判断の基準として助けてくれると信じてお金の教育をしています。

アルバイトを探すときのポイント

働く期間	長期で働きたいのか、短期で働きたいのか
勤務地	通学があれば、学校からの移動で勤務できるか。 自宅から通勤できる場所にするか
週に働く日数	平日のみ、または、土日・祝日に働きたいのか
時間帯	働きたい時間帯、または働ける時間帯は？
時給	希望する時給は？
希望する給与の額	月額いくら稼ぎたいのか
待遇	学校の定期テストなどで休みを取れるか

条件や契約内容のここをチェック

契約期間	3カ月など期間を確認する
時間帯時給	通常勤務時と時間外、休日出勤時の時給
交通費	支給される条件を確認する
職場環境	実際に就労する職場を見学する 空調や休憩場所を確認する
有給休暇の付与と申請方法	契約書や通知書を確認する 申請する方法を事前に確認する
退職届の申請時期	何日前に申請するのか確認する

TAKEYA'S TALK

お金の教育のきっかけは
あの有名なCM

お金の教育を始めたのは、娘が小学校２年生のとき。当時、駆け出しのFP（ファイナンシャルプランナー）として、ご家庭に家計相談で伺う機会がありました。訪問の目的はお金の相談なのですが、相談者の暮らしぶりを目の当たりにして、お金の使い方と同じくらい生活習慣も大切ではないかと気づきました。お金の使い方はその人自身を映し出し、その人自身やその暮らしぶりはお金の使い方そのもの。だとすれば、人に見せて恥ずかしくないお金の使い方の教育を大人になる前にできないものか？と考えるようになりました。

そんなとき、チワワが印象的だった有名な消費者金融のCMを娘が観て、「ローンってなに？」と聞いてきたのです。ローンとは、お金を借りることで借りたお金と一緒にお礼（利息）を付けて返すものだと説明し、さらに、我が家には「住宅ローン」という借金があることも伝えました。それからというもの、「我が家には借金がある」と彼女は家中の無駄な電気を消して歩き、洗面所で顔を洗うときもチョロチョロとした水で済ませる節約家に。元々その素質は持っていましたがさらにバージョンアップしました。1カ月後、電気代に節約した効果が。それに気を良くした娘は小学校の担任の先生に報告すると、「毎月報告に来なさい」と大変褒めてもらい、さらにその気に。

そんな彼女を見ているうちに、「お金の教育をするなら今だ！」と思い、書籍などを読み漁《あさ》りました。共感したお小遣い制度や親の心構えなどを取り入れ、我が家のお金教育がスタートしたのです。

Volume 1

くらしとお金

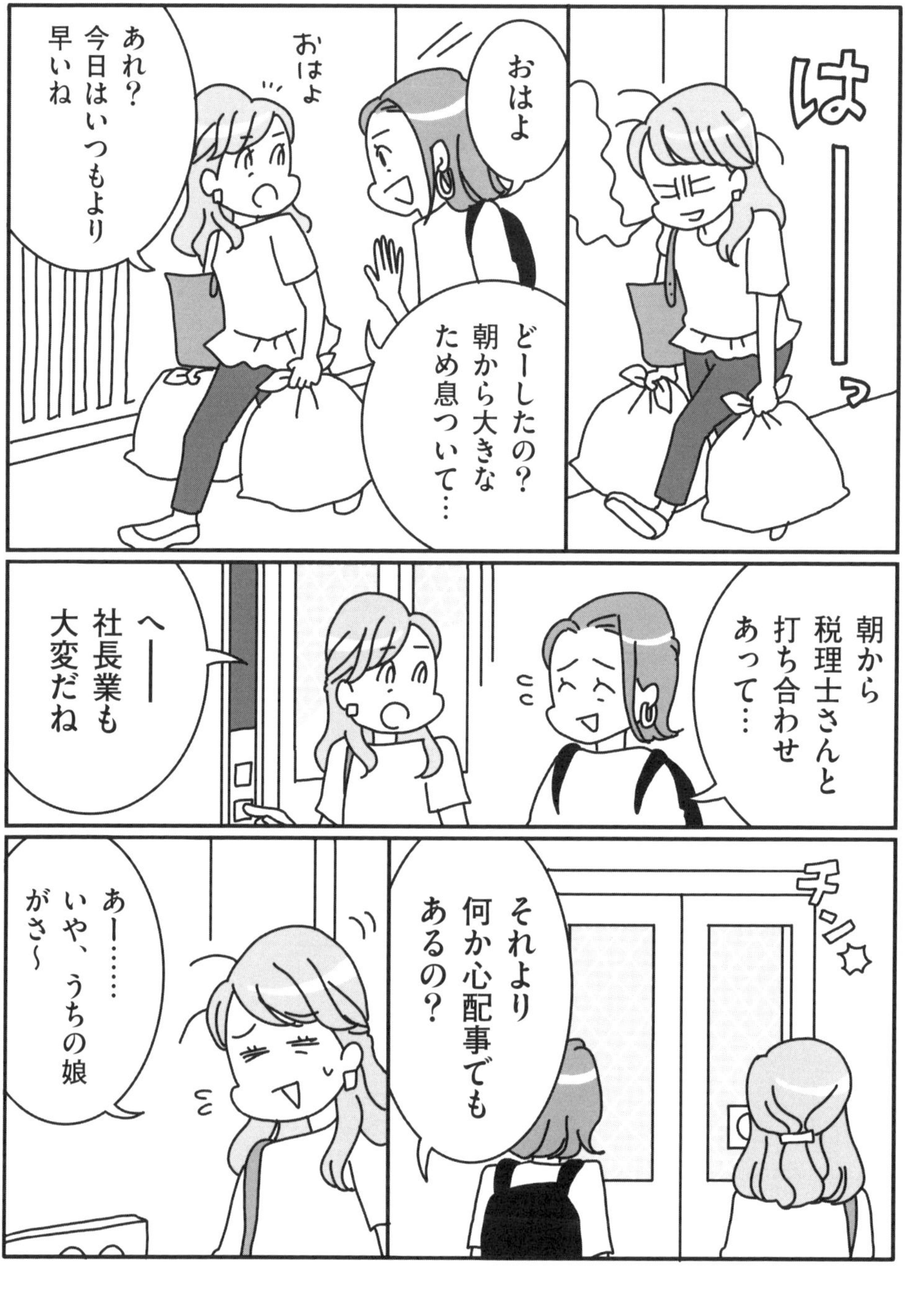
はーーっ
おはよ
おはよ
あれ？今日はいつもより早いね
どーしたの？朝から大きなため息ついて…
朝から税理士さんと打ち合わせあって…
へーー社長業も大変だね
チン
それより何か心配事でもあるの？
あー……いや、うちの娘がさ～

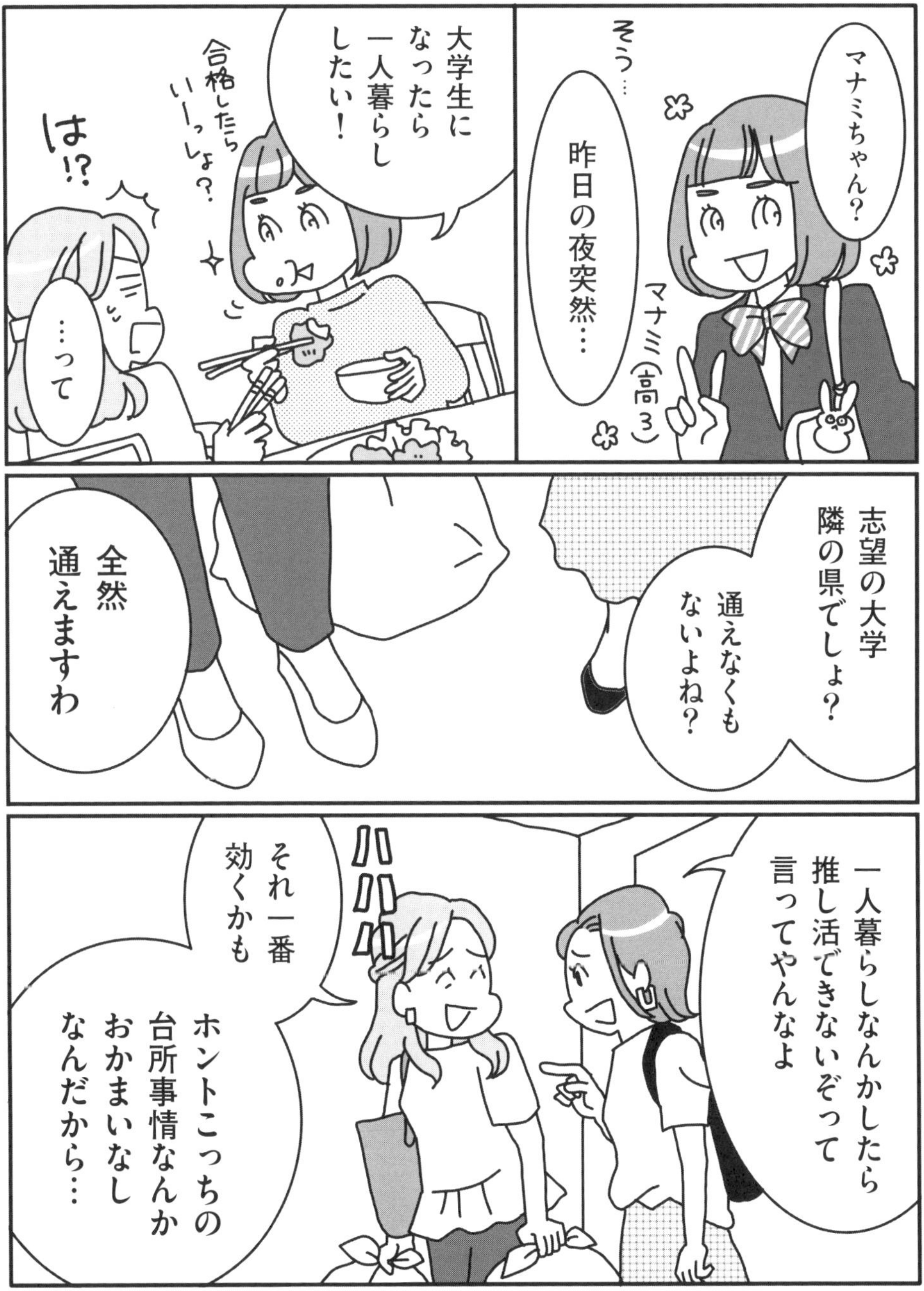
マナミちゃん?
マナミ(高3)
そう…
昨日の夜突然…
大学生になったら一人暮らししたい!
合格したらいーっしょ?
は!?
…って
志望の大学隣の県でしょ?
通えなくもないよね?
全然通えますわ
一人暮らしなんかしたら推し活できないぞって言ってやんなよ
ハハハ
それ一番効くかも
ホントこっちの台所事情なんかおかまいなしなんだから…

でもいい機会だから
お金のことちゃんと
考えてもらおうと
思ってんのよね
おっ
さっそく先日の
セミナーの話が
活《い》かされるねー
先生が
まずはいくら
使っているのか
把握しましょう
って言ってたから
まずは
マナミにも
そこから
伝えなくちゃ
ね…！
夜
というわけで
一人暮らしは
いくらかかるか
わかるかな？
どういうわけ？
え…
えーーーと…

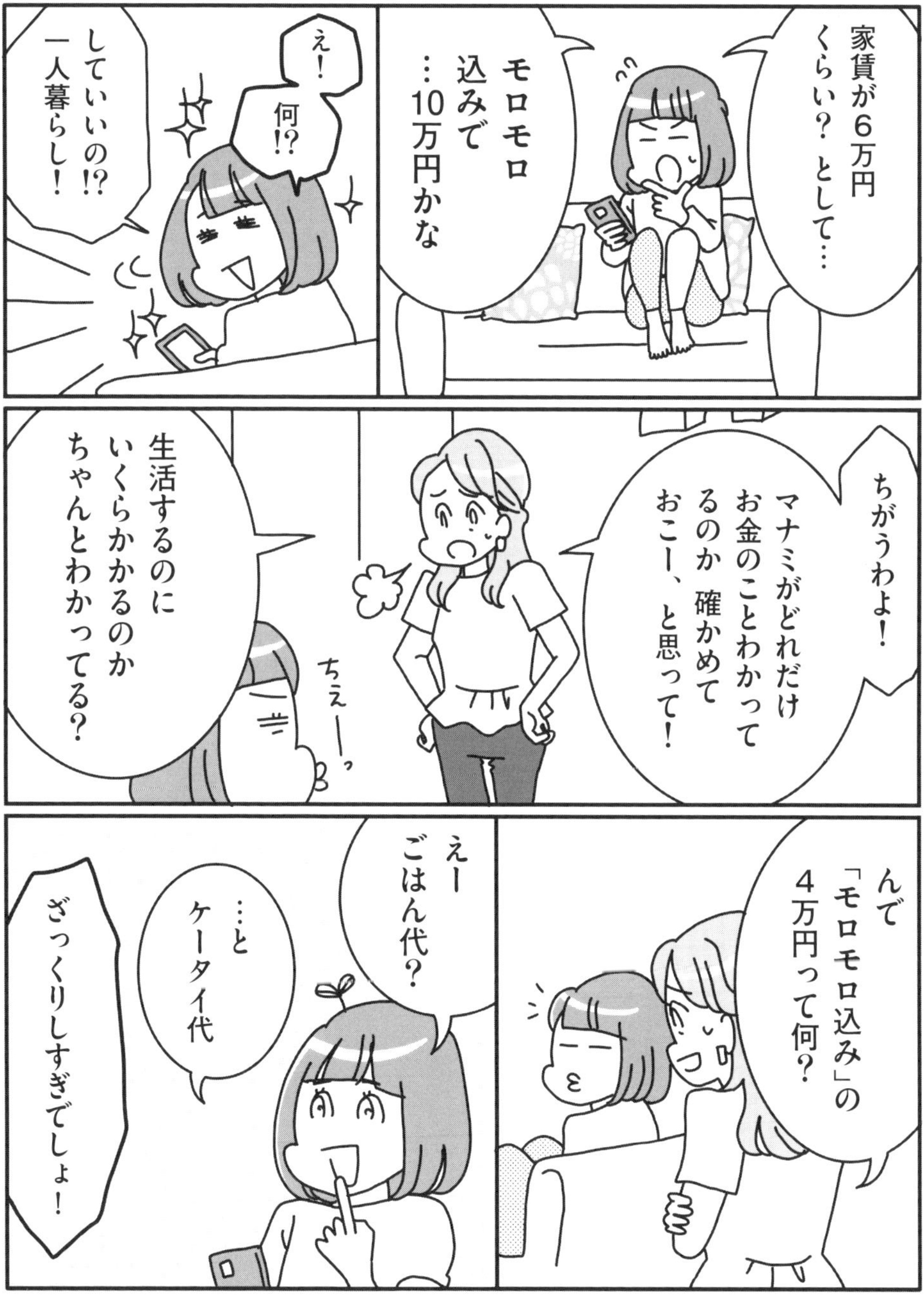
家賃が6万円
くらい？ として…
モロモロ
込みで
…10万円かな
え！
何!?
していいの!?
一人暮らし！
ちがうわよ！
マナミがどれだけ
お金のことわかって
るのか 確かめて
おこー、と思って！
ちえーーっ
生活するのに
いくらかかるのか
ちゃんとわかってる？
んで
「モロモロ込み」の
4万円って何？
えー
ごはん代？
…と
ケータイ代
ざっくりしすぎでしょ！

生活するには
家賃、食費、通信費
以外にも
水道・光熱費や
あきた
こまち
トイレット
ペーパーや洗剤、
シャンプーなどの
消耗品も必要なのよ
さらに家賃だったら
2年ごとに、更新料や
火災保険なんかも
払わなくちゃいけないの
更新料は
家賃の1ヵ月分
とかなのよ！
火災保険
更新料
生活費
家賃
ド
ド
ドン！
そんなの
あるんだ
住むところにもよるけど
大体、生活費にひと月
15万円くらいは必要ね
¥150,000
チーン
推し活代
込みで？
入ってるわけ
ないじゃない！

大学生の1カ月の生活費

（円）

	自宅生				下宿生			
	北海道	1都3県	阪神	九州	北海道	1都3県	阪神	九州
仕送り・小遣い	7,480	13,110	9,560	12,030	55,370	82,630	70,800	60,470
奨学金	17,640	7,540	14,440	16,550	26,670	17,340	18,270	22,890
アルバイト	42,820	40,490	41,220	36,980	32,850	35,690	36,360	33,600
定職	290	30	160	310	630	2,210	520	170
その他	2,100	2,730	1,730	1,710	3,320	4,460	2,510	3,120
収入合計	**70,330**	**63,890**	**67,120**	**67,580**	**118,830**	**142,340**	**128,460**	**120,250**
食費	9,890	12,280	10,570	10,610	22,250	26,350	24,400	23,430
住居費	920	280	290	420	47,000	64,380	54,030	49,620
交通費	10,150	9,060	8,550	10,410	3,360	6,310	5,720	4,220
教養娯楽費	11,010	13,430	13,090	11,520	12,100	13,550	13,300	12,510
書籍購入費	1,200	1,590	1,410	1,430	1,530	1,730	1,510	1,440
勉学費	1,190	1,230	1,340	2,010	1,210	1,610	1,270	1,670
日常費	5,860	5,130	5,740	5,790	7,370	7,870	7,740	7,480
電話代	2,760	1,390	1,830	2,160	3,630	4,380	3,450	3,500
その他	2,870	2,210	2,120	2,240	2,150	2,490	2,480	2,060
貯金・繰越	23,030	15,870	21,310	19,100	16,690	14,370	14,250	13,430
支出合計	**68,890**	**62,470**	**66,240**	**65,700**	**117,290**	**143,050**	**128,150**	**119,360**

＊各費目の内容
〈収入〉
仕送り・小遣い／親・きょうだい・親類からもらう金額
定職／1日4時間以上・週4日以上勤務で、それ以外はアルバイトとみなす
その他／貯金引き出しなど
〈支出〉
食費／外食費、自炊の材料費など
住居費／部屋代、水道光熱費など
(親元から振り込まれる金額・口座から引き落とされる金額も含む)
交通費／定期代1カ月分、日常交通費など
教養娯楽費／サークル費、交際費、レジャー費、趣味・新聞代など
書籍購入費／雑誌、コミック、電子書籍を含む
勉学費／パソコン用品、文具、コピー代など
日常費／衣料品、化粧品など
電話代／携帯電話通話料通信料、インターネット料金など
その他／上記に区分できないもの

出典：全国大学生活協同組合連合会「CAMPUS LIFE DATA 2022」

生活費以外にかかった特別な費用

	男性	女性
合宿代	44,000	37,600
国内旅行	68,600	66,800
海外旅行	250,800	207,200
帰省代	24,800	28,100
留学	525,800	414,700
運転免許	261,200	267,000
各種スクール	89,500	79,000
耐久消費財	102,500	110,000
衣料品	29,800	33,700
引越し	134,400	157,900
就職活動	35,000	32,500
その他	62,400	73,400

出典元 全国大学生活協同組合連合（http://www.univcoop.or.jp/）

お母さんたち、毎月15万円も出せないから足りない分はバイトしてもらわないと…
まだユータにもお金がかかるんだしさ…
弟
え!? バイト代が生活費に消えちゃうの!?
てことは推し活どころかコスメや服も好きに買えなくなるじゃん!!
NO!
そんなのやだーっ
あんたさ…そもそも貯金してんの…?
一人暮らしをするとなると最初に冷蔵庫や洗濯機も買わなきゃなんないし
引っ越し代、敷金礼金などで20~40万円くらいかかるのよ? そんな貯金あるの?

あるわけがありません
すべて推し活とオシャレに溶けております
ないの!? 1円も!?
マジで!?
もーっ
一人暮らし以前の問題じゃないいっっ
思ったよりヒドかった娘の金銭感覚!!
まずは自分が毎月何にいくら使っているのか把握するところから
ざっくりでもいいから毎月の収支をノートに付けてごらん
NOTE A5
…現実を見たくない…
言うてる場合かーっ
お金は人生のパートナー!!
今後の生活を楽しむためにもちゃんと考えていくわよ
はい! 書くものだして!!
ひー
NOTE

くらしとお金

Theme 1

お金の教育のはじめの一歩

家計を管理する

「やりくりノート」で簡単管理

「お金の教育」というと、貯金や投資などの資産運用について教えることを思い浮かべる方もいらっしゃるでしょう。しかし、何より大切なのは、日々の生活の家計管理です。自分の生活にいくらかかるのかを把握することが、一人暮らしや経済的な自立の第一歩です。

その練習としておすすめなのが、「やりくりノート」。「やりくりノート」は、お小遣いをあるだけ使ってしまい、いつも金欠だった長男が中学生のときに採用した方法です。まず発想を変え、お小遣いを月額ではなく年額管理にしました。年間の予算を立てて、さらに使う目的別に予算を振り分け、お金を使う都度子どもから親に申請してもらいその分だけ渡すシステムにしたのです（ご家庭によって子どもに現金管理を任せても構いません）。

用意するものは、ノートのみ。そこに「①年間の収入（手取り）」「②使う目的（支出）」を書き込みます。①はお小遣いなら年間の総額、給与なら年間の手取りの金額です。②は何に使うかを「目的」別に列挙してください。さらに、それぞれに予算を立てます。使う目的以外に「貯金」や「予備費」も作りましょう。注意したいのは①と②の総額が同じになるように調整をすることです。

自分で管理する場合、振り分けができたら、現金を②の項目どおりに封筒に分けます。実際に使うときは予算を入れた封筒からお金を出して使います。使ったらレシートをノートに日付順に貼っていきます。レシートがない場合、代わりに「自動販売機」などとメモに残しておきます。レシートの横に「日付」「お店の名前」「買った物」「金額」を書き、使った分を差し引いた残高を計算します。残高は、残高専用のページを作るか、レシートの貼った場所に書いておいても構いません。

使うお金は予算額から出し、使ったらレシートを貼るので、よくある「使途不明金」をなくすことができます。

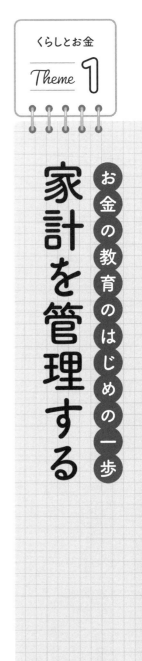

やりくりノート

1 年間の収入
お小遣いの金額・手取り

▶

2 使う目的
支出

▶

3 使ったらレシートをノートに貼る、残高を書いておく

年間の予算額
毎月のお小遣いの額を12倍して、1年間で使える金額を確認します。

記入例

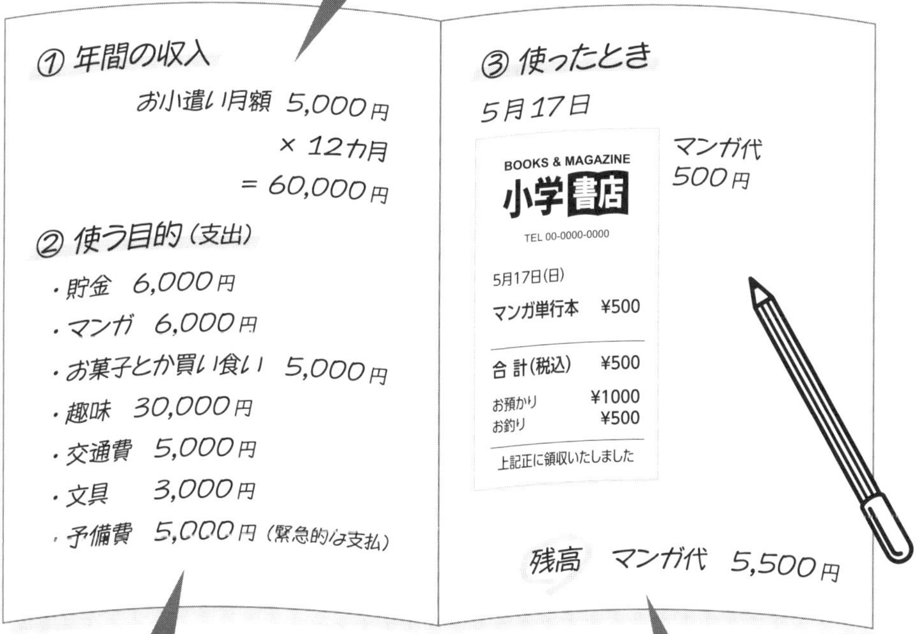

1年間で使う費目
1年間で、使うであろう費目と合計支出金額を書き出します。

現時点での残高
お金を使ったら、予算から引き、残りの使える金額を書きます。

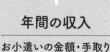

家計の黄金比

「やりくりノート」の予算立てができたら、「使う目的」の項目ごとの全体に対する割合を見てみましょう。この使用比率が、収入に対するそれぞれの支出の割合になります。割合に正解はありませんが、親子で確認するときに、ここの予算の分をこっちに移したらどうかなど工夫をしてバランスの良い比率を探しましょう。

　左ページの使用比のサンプルでは、収入を、子どものお小遣いやアルバイト代で想定しています。子どものうちは、住居費や食費・生活費などの日常生活費は不要ですが、一人暮らしなどの家計を管理する場合はこれらも予算立てします。また、一般的に貯金の割合は収入の10～20％が望ましいとされています。しかし、収入がまだ少ないうちは、貯金して買いたいものがないのであれば10％でもいいと思います。貯金よりも、使って色々な経験を積むほうが大切です。

　せっかくなので、経済的に自立し、収入を給与に想定、住居費や生活費を支出する家計編のサンプルも紹介します。皆さんのおうちの家計の使用比率も作ってみてください。

「やりくりノート」を作るときでも、使用比率を作るときでも共通することは収入と支出がイコールであることです。もしも、収入のほうが足りない場合、早急に対策を考えましょう。その解決策は２つ。１つは収入をふやすこと。子どもの場合は、お小遣いが足りない可能性もありますので、親は支出の予算立てを確認しながら、事情をよく聴いてあげてください。２つめは支出を見直すことです。ない袖は振れないので、収入の範囲の支出にするために、各項目の金額を削ったり、項目自体を削除したりして予算の立て直しをします。当然の理論なのですが、ここをきちんと習慣化しておくことが重要で、将来、債務過多にならないための訓練です。

　そして、貯金のチャンスを逃さない習慣化のコツも紹介します。①臨時収入や昇給など収入がふえたとき②長期的な支払いが終わったときが、定期的な貯金額を見直したり、臨時の貯金をしたりする二大チャンスです。①は毎月のお小遣いの増額、祖父母などからのお年玉やお小遣いなどの臨時収入、アルバイトの昇給や単発バイトなどで臨時収入が入ったとき。家計では給与の昇給や賞与の増額などがあった場合がこれに当たるでしょう。②は子どもにはなかなか起こりませんが、家計でいうと、返済や保険料などがなくなったとき、子どもの独立も良い機会です。まず貯金に回すことを考えましょう。

● 子どものやりくり費の黄金比（年額）

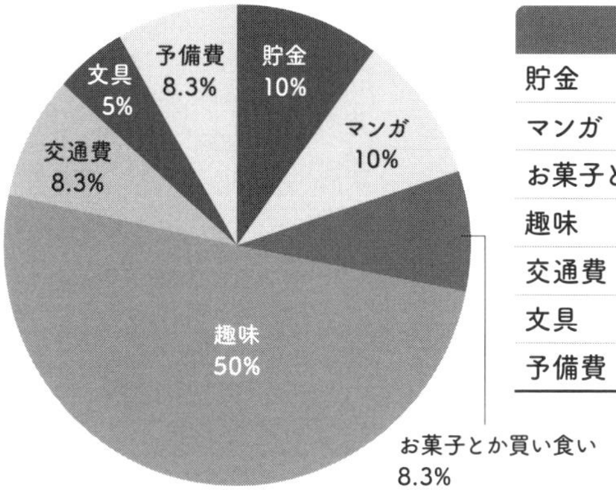

費　目	割合	金　額
貯金	10%	6,000 円
マンガ	10%	6,000 円
お菓子とか買い食い	8.3%	5,000 円
趣味	50%	30,000 円
交通費	8.3%	5,000 円
文具	5%	3,000 円
予備費	8.3%	5,000 円
合計	100%	60,000 円

● 家計の場合の黄金比（月額）

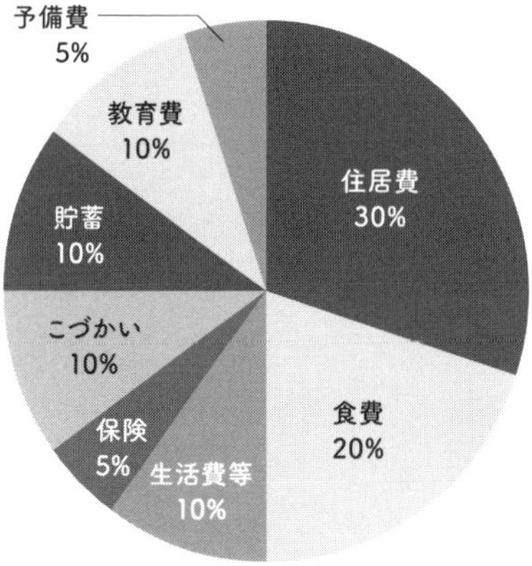

費　目	割合	金　額
住居費 （家賃・ローン・修繕費など）	30%	90,000 円
食費（外食含む）	20%	60,000 円
生活費等 （水道光熱費、被服費・ 通信費・交通費、医療費など）	10%	30,000 円
保険 （生命保険料・損害保険料など）	5%	15,000 円
こづかい （夫婦それぞれが 自由に使えるお金）	10%	30,000 円
貯蓄 （定期預金や iDeCo、 NISA など投資を含む）	10%	30,000 円
教育費 （子どものお小遣い・学費・ 習い事代など）	10%	30,000 円
予備費	5%	15,000 円
合計	100%	300,000 円

くらしとお金

Theme 2

お金を使う練習をする
後悔のない買い物

ニーズとウォンツ

残念ながら世の中の物全てを手に入れることはできません。将来家計を管理する上で「必要なもの＝ニーズ」「欲しいもの＝ウォンツ」を自分で考えて、どうするのが合理的か、意思の決定をする練習をしましょう。

「ニーズ」は、生活する上で必要なものやサービスです。学生なら「いつも買うもの（サブスク代など）」「交通費」「文具」「参考書」「必要な飲食代」などです。本来生きていくために必要な住居費や生活費等は親が賄《まかな》ってくれています。普段のお小遣いでは買わない・買えないような高額なもの以外が「ニーズ」となります。一人暮らしなら、「住居費」「生活費」などが「ニーズ」になり、お小遣いの用途は一転して「ウォンツ」になります。

「ウォンツ」はただただ欲しいという欲求です。例えば、推しのグッズやアクセサリーや洋服、化粧品などです。衝動的な場面が多いかもしれません。「ウォンツ」だけど、どうしても買いたいというときには買った後のことを考えさせましょう。金額（費用）や効果を冷静に考えることが大切。購入したときは、欲求は満たされてもすぐに後悔をするかもしれません。借金をしなければ買えないなど合理的でなければ我慢をさせましょう。

また、ニーズであっても、無駄遣いになることもあります。家や部屋が片づいていないため、使いたいものが見つからず、買わなければならないケースです。このような経験があれば片づけも心掛けます。

「ニーズ」と「ウォンツ」の判断力を鍛えるために、左ページを参考に、過去3カ月に買った物をニーズとウォンツに分け、消費行動について振り返ってみましょう。また、「欲しいものリスト」を作り、順位を付けて、買う決断のための「基準」を考えます。基準は冷静に考える手助けになります。後悔しないお金の使い方のために、迷ったときはそこに立ち戻るように教えてください。

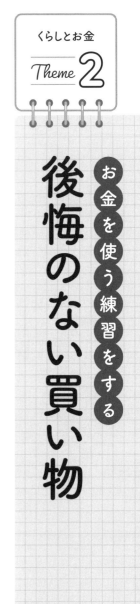

ニーズとウォンツ

直近3カ月に使った用途をニーズとウォンツに振り分ける。

ニーズ

- ノート
- 携帯代
-
-
-
-
-

ウォンツ

- ジャケ買いしたシートパック
- スタバの新作フラペチーノ
-
-
-
-
-

欲しいものリスト

1. ベース
2. ジャケット
3. ピアス

どうしても買いたいときの基準

例
・アルバイトをして買える
・合理的な理由がある

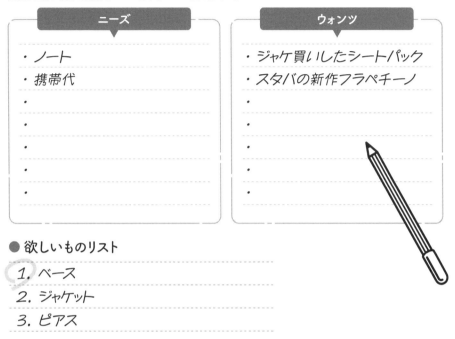

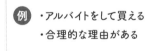

欲しいものを手に入れるリサーチ力

我が家では、子どもが欲しい高額なものを親が買って与えるのではなく、子どもの力で買う教育をしています。思い出深いのは、長女が大人用自転車に乗り換えたときです。自転車ショップでカタログをもらい、気に入る自転車を探させました。長女は、自転車のタイプやオプションにより価格が違うことに気づきました。予算と照らし合わせて、最終的にどのタイプを買うか意思決定し、注文しに自転車ショップに行きました。

　また、買うための資金はお年玉を活用。お年玉を頂いた方に「自転車を買った」と報告したところ、大変喜ばれました。

　この方法のメリットは、子どもが欲しいものを親が買って手渡すのではなく、ものを買うプロセスとものの値段がどのように付けられているのかを子どもが身をもって理解でき、予算に合う金額を見積もる経験ができることです。じつはこのような経験ができる機会は数えるくらいです。

　現在、ものやサービスを購入するときには様々な方法があります。ショップで手に取れる場合のほか、インターネット販売を利用する場合もあります。特にインターネットで購入する場合は、玉石入り交じっているのでサイトに表示されている値段が正当なものか調べる必要があります。正規の会社のサイトやカタログ、パンフレットをよく見て、「正規の商品」か、また不当に高額だったり、安すぎたりしているなどということがないか、「値段」は正当か確認しましょう。

　購入するタイミングも大切です。新商品を買うか、その型落ちを狙うのか、または、中古を待つかどうかです。お金に対して堅実な長女は、中学生のとき、ゲーム機を買いにショップに行き、新商品にするか、型落ちにするか、お店で随分と悩んでいました。本当は最新のゲーム機が欲しかったけれど、少しのデザインの違いだけで値段が安くなるのが魅力だったようです。デザインの違いだけ気にしなければ、型落ちも新品なので良いということが彼女の基準だったのだと思います。

　ものによっては、ショップにより値段が違います。この違いもいくつかのショップをリサーチしなければ知ることができません。また、安く買うには会員にならないといけなかったり、期間限定だったり条件がある場合もあります。行き当たりばったりで購入し後悔することがないように、事前に調べておきましょう。

　買い物の流れと確認事項を左ページにまとめましたので子どもに挑戦させてみてくださいね。

欲しいものがあるときの選択肢

1 我慢する
手に入らない

2 貯金する
時間はかかるが
手に入れられる

3 お金を借りる
すぐに手に入るが
借りたお金と
利息を払う

買い物をするときのフローと確認事項

買いたいもの

インターネットショップ

商品の製造メーカー、サービスの提供をするサイトなど通販サイトではなく正規のサイトで確認する

注文

確認すること

- 送料はいくらかかるか
- 到着までに何日かかるか
- 返品や交換はできるか

共通事項

・口コミを鵜《う》呑《の》みにしない。
・商品の性能や正規、純正品かどうか調べる。
・予算に合っているか確認する。

店舗

陳列商品やカタログなどを確認する

購入

確認すること

- 商品が店舗にない場合はいつ手に入るか
- 返品や交換はできるか

TAKEYA'S TALK

出口家計簿

私は毎日記録するいわゆる家計簿をつけていません。別の方法で家計を管理しています。①クレジットカード②銀行口座③現金の３つの「出口」で管理する「出口家計簿」です。

左の「出口家計簿」を参考に、エクセルや44ページをコピーするなどしてフォーマットを作り、12カ月分で12シート使用します。収入は給与と賞与で列を作り、決済しているものを①クレジットカード②銀行口座③現金ごとに、支出費目で集約します。年会費などの毎月の支出費目以外の支出も同様に書き込みます。

そして、実際に、毎月月末などに月の支出費目をざっくりでいいので項目に分けてみます。クレジットカードは利用明細を確認。銀行の通帳は、現金を引き出したときに使途を通帳に書き込んでおき確認します。

月単位には登場しない年会費、固定資産税や車の税金、車検、民間の保険会社に支払った保険料など年払いのものも忘れずに書き込みます。１カ月分に換算する必要はありません。月の支出費目と同様、決済方法を確認し、そこに書き入れます。

最後に、表の下段の「収支」を確認し、プラスであれば、貯金を増やせるかどうか、マイナスであれば、想定外の支出や気が緩んだ支出がないかなど検討します。利用明細などを確認し普段よりも多く使っている費目を探し、次月から気をつけます。

出口家計簿も難しいという人は、最低でも、銀行の通帳を月に１回以上は記帳し、クレジットカードの利用明細は印刷しておきましょう。それらを使い「食費」「水道光熱費」「通信費」「その他（ちょこっと買い）」の各集計をしておくとよいでしょう。

● 出口家計簿の見本

12月

MEMO 家計用のざっくりなものなので毎月の事情に合わせて、費目をふやしたり、消したり臨機応変に使ってください。先のことでも思いついたら何でも備忘録を残しておくのも思い出す時間の節約になるのでおすすめ。

毎月の給与

費目			金額
クレジットカード（夫）		利用月	76,000
1	食費	11月	30,000
2	生命保険料	11月	10,000
3	通信費	11月	6,000
4	小遣いや日用品など雑費	11月	30,000
クレジットカード（妻）		利用月	116,000
1	食費	11月	30,000
2	生命保険料	11月	10,000
3	通信費	11月	6,000
4	水道光熱費	11月	30,000
5	子ども費	11月	10,000
6	小遣いや日用品など雑費	11月	30,000
現金			50,000
1	クレカ以外の雑費等		30,000
2	予備費		20,000
(3	町会費	4月	4,000)
○△銀行（夫）		支払月	223,000
1	クレジットカード引き落とし	12月	76,000
2	貯金・投資	12月	50,000
3	住宅ローン	12月	90,000
4	損害保険料	12月	7,000
(5	固定資産税等	6月一括	150,000)
●▲銀行（妻）		支払月	226,000
1	クレジットカード引き落とし	12月	116,000
2	貯金・投資	12月	70,000
3	子ども費用1	12月	10,000
4	子ども費用2	12月	25,000
5	給食費	12月	5,000
(6	学校関係	4月	40,000)
	収入金額		500,000
	支出合計		691,000
	月の収支		-191,000

賞与があるとき

費目			金額
クレジットカード（夫）		利用月	120,000
1	テレビ	11月	120,000
クレジットカード（妻）		利用月	30,000
1	正月準備	11月	30,000
現金			230,000
1	お年玉準備		30,000
2	家族旅行		200,000
○△銀行（夫）		支払月	420,000
1	クレジットカード引き落とし	12月	120,000
2	貯金・投資	12月	300,000
●▲銀行（妻）		支払月	330,000
1	クレジットカード引き落とし	12月	30,000
2	貯金・投資	12月	300,000
	収入金額		800,000
	支出合計		1,130,000
	賞与の収支		-330,000

● 出口家計簿の用紙

月

MEMO

毎月の給与

費目		金額
クレジットカード（夫）	利用月	
クレジットカード（妻）	利用月	
現金		
銀行（夫）	支払月	
銀行（妻）	支払月	
収入金額		
支出合計		
月の収支		

賞与があるとき

費目		金額
クレジットカード（夫）	利用月	
クレジットカード（妻）	利用月	
現金		
銀行（夫）	支払月	
銀行（妻）	支払月	
収入金額		
支出合計		
賞与の収支		

Volume 2

お金を稼ぐ

ただいまー
おかえり
バイト？
お疲れさま
あ～つかれた…
コーヒー
もらうね
あんたさー
バイトもいいけど
そのうち就職活動
始まんのよ？
大丈夫？
はーっ
やめてその話
あんま考え
たくない…
何言ってんの
そろそろ真剣に
考えなさいよ

んーー
別にやりたい仕事もないし…
このままバイトでもいっかな☆なんて
きゃは♥
はあ!?
せっかく大学まで行ってんのに!?
一生バイト!?
言いたかないけど塾代に学費いくらかかったと思ってんの!?
だってさー
新卒の初任給の手取りって18万円くらいなんでしょ?
バイト毎日入ればそれ以上稼げるじゃん♡
おいおい

我が娘ながら思ってた以上にアホだわ…
大学まで行かせたのにさ…
フウ…
ちょっと!!
ニコー
いい機会だから仕事とお金の話をしましょうか…
まず働き方にはいろんな形があるわね
正規雇用
正社員
非正規雇用
契約社員
パートタイム労働者
派遣労働者

さて正社員と契約社員などの非正規で働く人との生涯賃金はどれくらい変わると思う？
んー
全然わかんないけど2千万円くらい？
って　2千万!?
2千万はでかいな!!
うそ！やっぱ1千万くらい!?
ブー
全然違います
平均で見るとこんなに差が出るのよ
正社員・正職員（大卒女性のみ）
年収平均：約479万円
生涯賃金：約2億2702万円
（22～65歳まで）
非正規（大卒女性のみ）
年収平均：約318万円
生涯賃金：約1億3782万円
（22～65歳まで）
出典：「厚生労働省／令和4年賃金構造基本統計調査（雇用形態別／雇用形態、年齢階級別きまって支給する現金給与額、所定内給与額及び年間賞与その他特別給与額）」を加工
ぎょっ
約8千920万円も!?

ちなみにあなたが就職しないで今のバイトを続けた場合…
時給1100円で週5日でしょ?
年収約171万円
65歳までに稼ぐお金は約7千550万円ね
ええ
ニコー
さらに6千万円も少なくなっちゃうの!?
バイトなら自由に働けるし、責任もないからいいなと思ってたけど…
そんなに差がついちゃうのか…
しかも65歳までバイト続けられると思う?
ぐう…
正社員と非正規の違いは賃金だけじゃなくて…
これはママの給与明細なんだけど

●給与明細の見方

ママ（正社員）の給与明細

株式会社ショウガク商事　　令和6年3月分

部門名	人事部	社員番号	0924	氏名	谷 マリコ 殿

①支給

基本給	役職手当	資格手当	出張手当	時間外手当
280,000	5,000	10,000		
通勤手当	家族手当	住宅手当	扶養手当	休日出勤
20,000			5,000	

総支給額
320,000

②控除

介護保険	健康保険	厚生年金保険	雇用保険	社会保険合計
3,000	16,000	29,000	2,000	50,000
		所得税	住民税	税額合計
		12,000	20,000	32,000

控除合計
82,000

③勤怠

労働日数	出勤日数	有給消化日数	有給残日数
	20	0	15
労働時間	欠勤日数	時間外労働	

差引支給額
238,000

手当て
会社が払う総額＝額面
給与から差引
社会保険
税金
実際に手に入る金額

① 支給 … 基本給や残業代、その他手当
② 控除 … 厚生年金保険料、健康保険料、介護保険料、所得税、住民税
③ 勤怠 … 勤務日数、欠勤日数、残業時間、有給消化日数、有給残日数

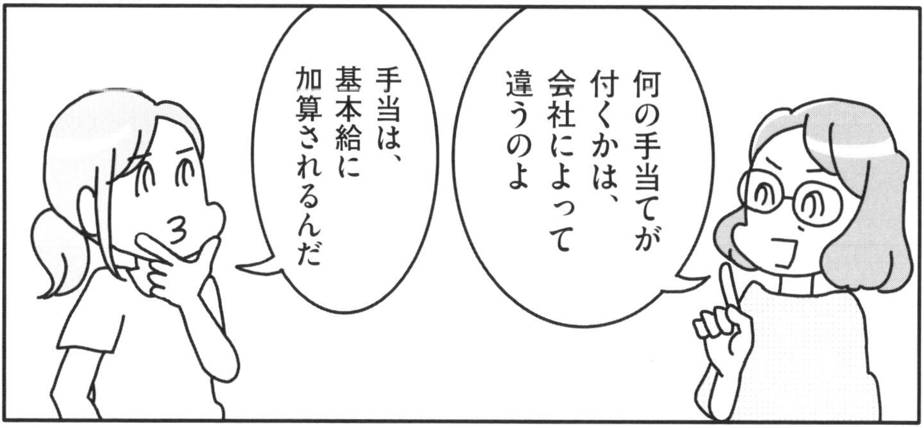

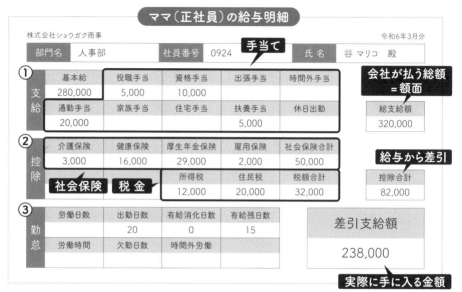

株式会社オイシイレストラン　令和6年3月分

部門名		社員番号		氏名	谷 マコ 殿

支給	基本給	役職手当	資格手当	出張手当	時間外手当	
	44,000					
	通勤手当	家族手当	住宅手当	扶養手当	休日出勤	総支給額
	4,000					48,000
控除	介護保険	健康保険	厚生年金保険	雇用保険	社会保険合計	
			所得税	住民税	税額合計	控除合計
						0
勤怠	労働日数	出勤日数	有給消化日数	有給残日数		差引支給額
		8	0	2		
	労働時間	欠勤日数	時間外労働			
	40					48,000

ママが払ってるんだ…
結構高いんだね…
会社で働くと給与に見合った厚生年金保険を払うことになるけどその分、もらえる年金も増えるのよ
今はツラいが将来の安心のため!!
あなたも20歳になったら年金の保険料を払う義務があるのよ
え!?
「え!?」じゃないよ
学校で習ったでしょーが
20歳ってもうすぐじゃん!!
ってことは税金も20歳から?
税金は年齢関係なく収入に見合った税金を払うのよ
そうなの!?
子どもでも!?
そうよ子役の俳優さんや、アイドルなど10代でもたくさん稼いでいたら税金を払ってるのよ
愛《ま》菜《な》ちゃんエラーい
マルマルモリモリ

そっか…私のバイト代くらいなら税金は払わなくていいのか…
給与支給明細書
ママの場合、会社が税金を計算してくれて、こうやって給与明細にいくら支払っているのかを書いてくれるわけ
でも例えば宮川さんのように自分で起業している人たちは毎年確定申告ってものを行って
宮川さん
ちょーメンドくせーっ
自分で計算して国に申告し、税金を払うのよ
自動的に引かれるのも自分で払わなきゃいけないのも、いやだーっ
国のオニーー!!
納税は国民の義務！
税金がなきゃ道路も橋も造れないのよっ
カッ

ママだってイヤだけど頑張って働いて納税してんだからね！
そーなの？
「ふるさと納税」はめっちゃ楽しそうにやってんじゃん
やっぱお肉ー？
きゃっ
カニもいいわねー
きゃっ
そんなことだけ知ってんのね
あれはかしこい納税対策なのっ
フーン…
あーでもさらに就職する気なくなったわ～
誰か養ってくれえええ
こどもでいたあぁい
ずっとトイザらスキッズゥゥ～
何あまいこと言ってんの
夢があってバイト生活を続けるなら、それはそれで反対しないけど…
「就活メンドー」なんて理由は認めませーん！
お金だけじゃなくてよーく考えて将来は決めなさい！
はあああい
ちょっと!!
わかってんの!?

お金を稼ぐ

Theme 1

「会社員」だけじゃない いろいろな働き方

多様化する働き方

子どもが希望する職業や業種に関わるのに、親は今いろいろな働き方があるのを知っておいたほうがいいでしょう。まず雇用されるか、されないかを考えます。雇用される働き方には正社員、契約社員、パートタイム労働者、派遣社員があり、雇用されない働き方に個人事業主・フリーランスや法人経営者があります。

一口に正社員と言っても多様な形態があります。「勤務地限定正社員（転勤範囲が限定）」「職務限定正社員」「短時間正社員」「週休3日制」など、地域や職務、時間を限定して働くことで、より専門的な職務や働く地域を維持できます。

希望する分野や職業のインターンシップを利用したり、関連するお店でアルバイトをしたりして、その業界を経験しておくと、就活のときとても役に立ちます。希望する職業や業種の正社員に惜しくもなれなくても、契約社員や派遣労働者として関わることは可能です。また、正社員登用制度があれば正規の職員になれるチャンスがあります。

また、雇用されない働き方を選ぶ若い人も増えています。個人事業主や法人経営者として事業を立ち上げて働きます。また、仕事を他から請け負う個人事業主の仲間でいわゆるフリーランスと呼ぶものもあります。

左ページの比較を見てください。正社員には、会社などで整備された制度があり、加入・利用することができます。一方、正社員でない場合、全てに加入できるわけではありません。例えば、フリーランスでイラストを描く業務を請け負っていた場合、急に仕事をもらえなくなっても雇用保険からの手当はありませんし、退職金の準備も自分で行います。働き方で社会保険や退職金に大きな違いが生まれることを子どもと一緒に理解しておきましょう。

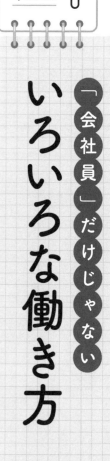

多様な働き方の比較

※○は加入または利用可能。△は要件を満たせば加入または利用可能。「－」は制度なし。

働き方の肩書	概要	社会保険への加入	退職金制度	育休・介護休暇
正社員・正規職員	・会社と直接雇用 ・労働契約期間の定めがない ・所定労働時間がフルタイム ・従業員やその家族のための福利厚生制度がある ・業種などによっては、国内・海外転勤がある	○ 例❶ ・厚生年金保険 ・健康保険組合 ・雇用保険 ・労災	○	○
契約社員	・会社と直接雇用 ・労働契約期間の定めがある	○ 例❶と同じ	△	△
パートタイム労働者	・会社と直接雇用 ・その事業所の正社員と比べ、1週間の所定労働時間が短い	△ 例❶と同じ	△	△
派遣労働者	・労働者は派遣会社と契約する ・派遣会社が派遣契約をした会社（派遣先）で働く ・業務の指揮は派遣先の会社が行う ・労働者への給与は派遣会社から支払われる	△ 例❶と同じ	△	△
自営業主・フリーランス	自ら事業を開業した経営者や個人で事業を行う人	－ 例❷ ・国民年金 ・国民健康保険	○ 自助努力で準備可能	－
法人経営者	株式会社の代表	○ 例❸ ・厚生年金保険 ・協会けんぽ	○ 会社規程に基づく	－

職業の選択

子どものころから憧れていた職業に就ける人はそう多くはないでしょう。むしろ、私のように就職した会社で初めてその業種の仕事を知る人が多いかもしれません。

そもそもどの職業に就きたいかわからないという場合は、興味があることや得意なことから考えるといいでしょう。それでお金を稼ぐことができれば、時間も労力も効率的ですし、生き甲斐《がい》を感じることができます。探す手掛かりとなるサイト（左ページの職業選択のヒント）がいくつかあります。『13歳のハローワーク』は様々な角度から沢山の職業を知ることができる仕組みになっています。「好き」だけではなく、「思い出」など過去に関心を持ったことを掘り起こすきっかけになるでしょう。『あしたをつかめ～平成若者仕事図鑑』は、ひとつの職業にスポットを当てている動画なので、興味がある職業であればリアルな情報を知ることができます。また、関心がなかったような知らない職業でも自分の年齢とさほど変わらない若者が働く姿からその職業の魅力や苦労を垣間見ることができ、新しい選択肢を得られます。『職業マップ』は関心・興味のある分野やカテゴリーからそれに関わる職業が縦横にどんどんつながっていくユニークな仕組みになっています。意外なつながりを見つけることも。興味のある職業と隣接する職業を地図として上から見渡すことができるので、気づけばマップ全域に行き着いたなんてこともあるかもしれません。

職業には、資格が必要なものや大卒が望ましい職業があります。興味が湧いた、または目指したい職業を見つけたら、必要な資格やどの分野の学校を卒業すればいいのか、子どもと一緒に調べてください。

そして、23ページのアルバイト同様求人情報の内容をしっかりチェックしてください。左ページの求人情報の読み取り方では、チェックしておきたい項目を箇条書きにしています。給与体系については、月の平均残業時間や残業代が支払われるか確認しましょう。また、シフトを組む時間割で区切られた仕事のほか、専門的な分野では時間配分を労働者にゆだねる裁量労働制を採る会社もありますので給与や残業、休日の体系は必ず確認し、わからないところや不安なところは質問してみるといいでしょう。

労働基準法や最低賃金法など働くことに関する法律を総じて「労働法」と呼んでいます。働く人と会社側との間で守るルールです。自分の権利を守るためにも法律があることを知っておいてください。ワークライフバランスを保ち希望の仕事で生き生きと働きたいですね。

● 職業の選択のヒント

13歳のハローワーク

「職業調べ」では「好き」「職業名」「マップ」「思い出」「検索」「分野」「ランキング」など
調べる機能が充実

URL https://www.13hw.com/home/index.html

あしたをつかめ ～平成若者仕事図鑑～ ～しごともくらしも～（NHKアーカイブ動画）

「平成若者仕事図鑑」は、10代から20代の若者向けのリアルな職業紹介や
仕事をする人に密着して暮らしぶりが紹介されている等身大の動画が魅力

URL https://www.nhk.or.jp/archives/teachers-l/set/id2019050/

職業マップ

株式会社ぺりかん社が提供する職業マップ。
興味のある分野を探し、そこに隣接する様々な職業を発見することができる

URL http://www.perikansha.co.jp/dl/jobmap202106.pdf

おしごと年鑑

生活に身近な仕事や未来の仕事などカテゴリーに分かれており、
そのテーマごとにマンガなどを用いた質問・回答が分かりやすい

URL https://oshihaku.jp/nenkan/

● 求人情報の読み取り方

求人情報からだけではなく、会社のホームページを調べたり、説明会や面接時に情報を確認したりしましょう。

❶ 会社について

- 会社の規模、支店数や従業員数、従業員の平均年齢、平均勤続年数、平均年収など

❷ 雇用形態について

- 正規の職員か非正規か
- 転勤の有無

❸ 「給与」「仕事内容」「勤務日」などの労働条件

- 必要な資格はなにか
- 社会保険適用の有無・種類
- 試用期間の詳細（期間や給与など）
- 固定残業代か残業代が出るのか、

※固定残業代とは時間外労働や深夜労働、休日労働の有無にかかわらず、給与に一定時間の割増賃金を含めていることです。

❹ その他

- 有給、年間休日数、夏季・年末年始休暇期間
- 福利厚生、退職金制度
- 育休取得の実績

給与明細の見方❶ 給与から支払う税金

所得税

私たちの暮らしを支えるために国や地方自治体などが教育や医療、地域の安全など様々なサービスを提供しています。その運営に税金が使われています。

税金にはいくつかの費目があります。身近なのは普段の買い物などで支払う「消費税」。働く人は給与から「所得税」を国に支払っています。所得税は、「個人」の所得にかかる税金で、1月1日から12月31日の1年間の所得が対象。ここでは会社員をモデルに解説します。

左ページに「会社員の所得税の計算」とその計算に必要な資料を紹介しています。給与収入（1年分）から「給与所得控除額」を引いて、その年の「給与所得の金額」を求めます。そして、「所得控除」を引いたものが「課税所得金額」です。社会保険料や生命保険料を支払っているなど要件を満たせば所得控除を適用できます。

こうして、算出された「課税所得金額」に所得税の税率を適用して税金額を求めます。所得税の税率は、所得が多くなるほど高くなる「超過累進税率」になっています。最後にふるさと納税や住宅ローン控除など「税額控除」があれば「所得税額」から引いて、最終的な「納税する所得税の金額」となります。そして、「復興特別所得税（令和19年まで「東日本大震災からの復興を目的」とした税金のこと）」を所得税に加算して納税します。

ただし、これは「確定申告」をする税金の計算方法。実際は、社員ごとに概算となる税金を会社が給与や賞与から徴収（源泉徴収）して預かり納税します。年末まで勤務していて、給与所得が2千万円を超えない社員は、会社が正しい所得税額を算出し、その年の源泉徴収額との差額を精算する「年末調整」を受けます。年明けに会社から受け取る「源泉徴収票」にはこの年末調整が反映されています。年末調整で控除できない所得控除がある場合などは別途各人が確定申告をします。

会社員の所得税の計算

給与所得の金額 ＝ 収入－給与所得控除額

※「所得金額調整控除」「特定支出控除」を受ける場合はここで控除する

↓

課税所得金額 ＝ 給与所得の金額－所得控除の金額

・基礎控除　・社会保険料控除
・扶養控除　・生命保険料控除　など

↓

所得税の金額 ＝ 課税所得金額に税率が適用される

超過累進税率が適用される

↓

納税する所得税額 ＝ 所得税の金額－税額控除額

・住宅ローン控除
・寄附金特別控除（ふるさと納税）　など

給与所得控除額（令和5年分）

給与等の収入金額（給与所得の源泉徴収票の支払金額）	給与所得控除額
1,625,000円 まで	550,000円
1,625,001円 から 1,800,000円 まで	収入金額×40%-100,000円
1,800,001円 から 3,600,000円 まで	収入金額×30%+80,000円
3,600,001円 から 6,600,000円 まで	収入金額×20%+440,000円
6,600,001円 から 8,500,000円 まで	収入金額×10%+1,100,000円
8,500,001円以上	1,950,000円（上限）

所得税率

課税される所得金額	税 率	控除額
1,000円 から 1,949,000円 まで	5%	0円
1,950,000円 から 3,299,000円 まで	10%	97,500円
3,300,000円 から 6,949,000円 まで	20%	427,500円
6,950,000円 から 8,999,000円 まで	23%	636,000円
9,000,000円 から 17,999,000円 まで	33%	1,536,000円
18,000,000円 から 39,999,000円 まで	40%	2,796,000円
40,000,000円以上	45%	4,796,000円

所得税は課税所得金額に所得税の税率を適用します。
所得税の税率は、所得が多くなるほど高くなる「超過累進税率」になっています。

住民税

所得税は国に納税するもので、住んでいる都道府県や市区町村に納税する税金は「住民税」です。住民税には個人住民税と法人住民税があります。ここでは個人が納税する「個人住民税」について解説します。その都道府県や市区町村に1月1日時点で住所がある人が、納税します。ただし、一定の要件を満たした低所得の人は非課税となります。

左ページの「個人住民税」では、住民税内の区分について説明しています。平等に負担する「均等割」と前年の所得に応じて負担する「所得割」があります。このほか、金融商品に関しての所得税、利子割、配当割、株式等譲渡所得割があります。

「所得割」は前年の所得に課税され、金額が決まります。税率は累進課税の所得税と異なり一律10％（市民村民税6％＋道府県民税4％）です。

会社員の場合は、6月から翌年5月の毎月の給与から会社が個人住民税を徴収してくれます（「特別徴収」）。会社が徴収しない人には、区市町村から納税通知書（年4回に分かれている）が送られてきますので、自身で納税します（「普通徴収」）。所得税と住民税は納税するタイミングがずれているので、住民税のことをつい忘れがちになりますが覚えておいてくださいね。

また、すでに行っている人もいるかと思いますが、「ふるさと納税」は出身の地元や好きな都道府県や市区町村に住民税を寄附として納税できる制度です。寄附先によって「返礼品」というその土地の特産品をもらえることがあります。

ふるさと納税をすると、寄附の総額から手数料の2千円を引いた額の一部を所得税と個人住民税の金額から差し引きます（税額控除）。6月にもらう納税通知書にこの控除額が記載されていますので確認しましょう。

控除額の計算を、左ページで紹介しています。所得税からも住民税からもふるさと納税で寄附した「全額」を控除することはできず、上限もあります。そのため、事前にふるさと納税額の目安を確認しましょう。左ページにある「総務省ふるさと納税ポータルサイト」の納税額の目安の表や「寄附金控除額の計算シミュレーション」を活用してください。

ふるさと納税はふるさと納税を行った翌年度分の住民税額から控除されます。そのため寄附をした年末などに想定外の所得控除などがあると、ふるさと納税が一定の限度額を超えてしまい税額控除しきれないこともあり得るので寄附額は余裕を持ち、かつ慎重に行いましょう。

● 住民税（個人住民税）

その年の1月1日に市区町村（都道府県）に住所がある人に対してその市区町村が課税するものです。

個人住民税

均等割

平等に負担をする

	標準税率（年額）
市町村民税	3,500円
道府県民税	1,500円

※2024年度から「森林環境税」が個人住民税の均等割と併せて1人年額1,000円が徴収されます。

所得割

所得金額に応じた負担をする
（一律合計10%）

	標準税率
市町村民税	6%
道府県民税	4%

税率 5%

利子割

預貯金等の利子にかかる

配当割

上場株式等の配当金にかかる

株式等譲渡所得割

株式等を譲渡したときの利益にかかる

● ふるさと納税の控除額の計算 出所：総務省HP

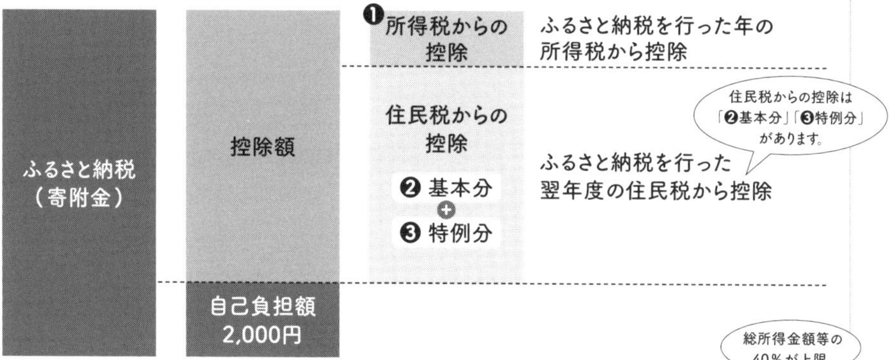

❶ 所得税から控除される金額 ＝「ふるさと納税総額－2,000円」×「所得税の税率」

（総所得金額等の40%が上限。）

❷ 住民税からの控除（基本分） ＝「ふるさと納税総額－2,000円」×10%

（総所得金額等の30%が上限。）

❸ 住民税からの控除（特例分） ＝「ふるさと納税総額－2,000円」×（100%－10%（基本分）－所得税の税率）

なお、特例分❸で計算した場合の住民税所得割額の2割を超える場合は、下記で計算します。
住民税からの控除（特例分）＝（住民税所得割額）×20%

● ふるさと納税のお助けサイト

総務省：ふるさと納税ポータルサイト（シミュレーションもココ）

URL https://www.soumu.go.jp/main_sosiki/jichi_zeisei/czaisei/czaisei_seido/080430_2_kojin.html

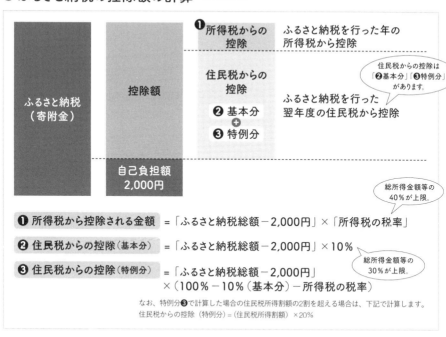

お金を稼ぐ

Theme 3

給与明細の見方❷

給与から支払う社会保険料

社会保険料

　働く人の社会保険には、左ページにあるように、５つの保険があります。ただし、働き方によって加入するものが異なります。

　厚生年金保険は、国民年金の上乗せ部分となる、会社員等が加入する年金です。厚生年金保険料を納めていれば、別途国民年金保険料を納付する必要はありません。厚生年金保険料は働く人本人の収入に応じて決められます。産前産後休業や育児休業中は保険料納付が免除されます。

　健康保険は、大企業単独の「健康保険組合」やその他の会社が加入する「協会けんぽ」があり、それぞれの保険料率で給与から天引きされます。会社を退職して、その会社の健康保険を引き続き利用する場合は、保険料は全額本人が負担するようになります。

　介護保険は40歳から保険料の徴収が始まります。64歳までは健康保険組合などが納付を受けたり、給付をしたりし、健康保険料と一緒に天引きされます。65歳からは市区町村ごとの保険料（定額）になり、原則年金から徴収されます。

　この３つの保険料は会社と本人とで折半となるので半分の保険料を会社が負担してくれていることを理解しておきましょう。

　雇用保険は従事する事業の業種によって保険料率や会社と本人との負担割合が異なります。左ページの料率は一般の事業のものです。給与から０・６％の保険料が天引きされます。

　労災保険は、原則雇用されている人であればその職業の種類に関係なく、給与が支払われる人なら誰でも適用されます。保険料は全額会社が負担します。

　社会保険料が、どのように私たちに戻ってくるのかについては、１３４ページをお読みください。

● 働く人の社会保険

給与から❶❷❸❹が引かれる

❶ 公的年金

厚生年金保険

保険料負担

会社と本人が
半分ずつ負担（労使折半）

❷ 公的医療保険

健康保険組合
全国健康保険協会 など
（協会けんぽ）

保険料負担

会社と本人が
半分ずつ負担（労使折半）

❸ 介護保険

健康保険組合
全国健康保険協会 など

保険料負担

会社と本人が
半分ずつ負担（労使折半）
公的医療保険者を通して、
40歳から保険料が徴収される

❹ 雇用保険

保険料負担

会社0.95%、本人0.6%など
会社負担のほうが大きい
（令和5年度）

労災保険

保険料負担

会社が全額負担

年金保険料

公的年金は、基礎となる国民年金とその上乗せ部分となる厚生年金保険の2階建てから成り立っています。国民年金への加入は20歳を迎えると始まり、60歳までの40年間加入します。厚生年金保険は70歳まで加入できます。厚生年金保険は、正社員や契約社員、パートタイム労働者、派遣労働者などが加入しますが、それ以外の人は国民年金に加入します。国民年金のみに加入する人は国民年金保険料を納付書やクレジットカード決済などで納付します。また、より多く年金を増やしたい場合は、市区町村役場で、付加年金の加入を申し込み、月額４００円の付加保険料を納付します。これにより、将来受け取る国民年金の老齢基礎年金額に毎年「２００円（定額）×付加保険料納付月数」が上乗せされます。

国民年金は学生であっても、20歳を迎えると年金納付の案内がきます。学生のため国民年金保険料の納付が難しい場合は、左ページの「学生納付特例」を申請できます。猶予は免除ではなく、納付を待ってもらえる制度です。申請方法は紙の申請書か、マイナンバーカードを利用した電子申請で行います。前年の所得の要件がありますのでホームページで確認しましょう。また、学生納付特例を利用したからといって、納付しなくてもいいわけではありません。あくまで納付の猶予であるため、追納しないと老齢基礎年金がその分減ってしまいます。

このほかに、免除や納付猶予となる制度もあります。失業などで国民年金保険料の納付が経済的に困難な場合は、免除申請ができます。免除には「全額免除」と「一部免除」があります。それぞれ免除された期間は老齢基礎年金（国民年金）の受給に必要な「受給資格期間」（年金をもらうために必要な年金納付期間）には算入されますが、本来全額納付した場合と比べると受給は減額されます。全額免除も一部免除も減額された期間は追納（10年以内であればさかのぼって納付できる）すれば最終的に受け取る年金は本来の受給額に近づけることができます。

年金制度はただでさえ複雑なのですが、申請や届け出を自分で行う必要があります。わからないからと保険料を納付しないでおくと「未納」となり、将来の老齢年金だけではなく、障害を負ったときにもらえる障害年金や万一稼ぎ手が亡くなったときの遺族年金が支払われない場合があります。また、免除や猶予の申請をしておくと追納ができますが、申請しないと、納付できるのはさかのぼって2年までで、それ以前は未納になります。「未納」は絶対に避けましょう。

●「公的年金」学生納付特例

学生（前年の所得が所定の基準以下）の国民年金保険料の納付が猶予されます。

対象となる学生	大学または大学院、短大、高等学校、高等専門学校、専修学校などに在籍する学生
手続き（紙の申請書）	市区役所または町村役場の国民年金窓口、年金事務所、日本年金機構のホームページにある申請書に記入し、住所がある（住民票を登録している住所地）市区役所または町村役場の国民年金窓口へ提出する。
手続き（電子申請）	マイナンバーカードを用意して、「マイナポータル」へアクセスする。画面の案内に従って、申請を完了する。
申請後	日本年金機構から「承認（または却下）通知書」が届く。

●「公的年金」その他の免除や納付猶予

国民年金保険料は次の届け出をすると保険料が免除になったり、納付の猶予をしてもらったりできます。

免除（全額・一部）

所得などの条件によって保険料の納付が免除になります。免除される期間は年金受給資格期間に反映されますが、一部免除される期間は納めなければいけない保険料を納付しないと「未納」となり、年金受給資格期間とはなりません。

※全額免除…保険料の全額を免除
　一部免除…保険料の一部を納付（残りを免除）

納付猶予特例（令和12年6月末まで）

50歳未満で本人やその配偶者の所得が一定額以下の場合は、保険料の猶予を受けられます。

産前産後の期間の免除

出産予定日等の月の前月から4カ月間（多胎妊娠の場合は3カ月前から6カ月間）の保険料が免除され、納付したものとされます。

TAKEYA'S TALK

ふるさと納税

私がふるさと納税の寄附先を決める一番の基準は、返礼品です。返礼品を選ぶためにふるさと納税サイトを利用しています。ただし、全国全ての団体がまとめて掲載されているサイトはないので、掲載されている返礼品を見比べつつ、「ポイントをもらえる」など各サイトのこだわりや特色を見ながら自分に合ったところを見つけると良いでしょう。

とはいえ、本当にたくさんの返礼品が掲載されていて見きれないので、私は週間や1カ月間の「ランキング」を参考にすることがあります。その中で旬のものや評価が高いものを選択しています。品物を選ぶのが一巡すると、これまでは興味がなかったものもクリックするようにしています。その結果、毎年選ぶ定番と新しいものという感じに落ち着いてきました。

私の場合、定番の日用品や食料の返礼品を選ぶことが多いのですが、例えば令和5年にはウイスキーの値上げがあったのでふるさと納税でこれまで購入したことがないウイスキーを選び、家にストックしています。さらに返礼品以外に犬の保護活動団体にも寄附しています。

ふるさと納税の手続きは、原則、確定申告で申告をします。確定申告が面倒という人は「ふるさと納税ワンストップ特例制度」を利用すれば、わざわざ確定申告する手間がなくなります。ただし、ふるさと納税を行う自治体の数が5団体までの場合に限られますので、寄附を数多く行いたいという人には向きません。

まだ行ったことがないという人は、まずはふるさと納税サイトで気になる返礼品を探すことから始めてみてください。

お金を貯める

ただいま
あれ？今日もバイトないの？
最近あんまりバイトに行ってないわね
おかえりー
ようやく学業に精を出す気にな
フフフフ…
ママ…汗を流してお金を稼ぐ時代はもう終わったのよ…
は？
どーしたどーした
いまや投資でお金を増やす時代!!
〝億《おく》り人《びと》〟に俺はなる!!
ドン
!?

ちょ…何言ってんの…
これ何よ?
どーもー余財翼でーす
余財翼の億り人チャンネル
投資系ユーチューバー余財翼だよ
キラキラ
これ見てママも一緒に投資やろうよ
いまや銀行の利率は0・001%!
預貯金をしていても、お金は増えない、むしろ手数料などで取られるばかり
※全て余財翼の受け売り。
べらべら
40代でFIREだ!!
お金に働いてもらって増やす!
デイトレ
ブロックチェーン
暗号資産
FX
ちょっとまって!!

何言ってるのか
全然わかんない…
お願いだから
それくらい熱心に
学業の方を…だな
えー
じゃあ
株は?
株ならわかる
でしょ
株!!
ママが中学生のころ
バブルがはじけて
株が紙くずになり
破滅した人を
見てきたのよ…?
お金持ちだった
Yちゃん…突然
引越しちゃった
けど元気かな…
ブル
ブル
はーっ
日本人って
ほんと投資に
および腰よね…
主語が
でかいよ
だってアメリカ人の
家計に占める
投資の割合は
47%なのに対して
日本人は16%なんだよ?
遅れてる!!
ビビり
すぎ!!
うっ

株を持たざるリスク…考えてこ!!
バーーン
んぎゃ
株かー…
どうしたんスか…
あ、いや
なんか娘が株でも買ってみろって…
でも怖いよねぇリスクもあるわけだし…
ボクやってますよ
毎月給料の10%を投資に回してます
ボクのまわりもやってる人多いっスよ
手堅くやればそんなに怖がらなくても大丈夫っスよ
へー…

ところで株って…どこで買えるの？
…とはさすがに後輩には聞けなかった…
アホな質問であることはわかる…
奥さん！
今日かぶが安いですよ！
どう？
買います
こんな簡単には買えないよね？
これでは「あつ森」…
ズッシリ
恥をしのんで先生に聞くか…!!
株ってどこで買えるんですか
シュポッ
証券会社ですよ
証券会社に行って「株ください！」って言えばいいんですか
シュポッ
笑

口座を作って銘柄を指定しないと買えません
株の買い方の流れ
❶口座を作る
❷証券会社に買い注文を出す
❸注文が成立する
❹証券会社から「取引報告書」がくる
❺受け渡し日に代金(手数料が加算)が口座から引き落とされる
株が受け渡される
口座開設!?
ハードル高くない!?
そんなに難しいことじゃないですよスマホで簡単に開設できます♪
シュポッ
でもやっぱり始めるのはちょっと不安でして…
タタタ…
それならまずNISAから始めてみてはどうですか?
NISA…よく聞くけど…何なのかはわかってない…
帰って調べてみるか…

へー年間360万円まで投資できて最大１８００万円まで非課税になるんだ…！
NISAとは
一生涯保有しててもいいし、いつでも引き出しができる！
なんか…
やらなきゃ損に思えてきた…
いっちょやってみるか!!
それからというもの…
今日はどうなってるかな…
ウフフ♥
やだ!!ちょっと増えてる!!
キャッキャッ
毎日ポートフォリオをチェックするのが楽しみに…
いつかこのタネが育って大樹になってくれるかも…!!
NISAでは一攫千金は狙えませんよー…っ

なんだか最近ママ楽しそうだね…
もしや浮…
フフフ
ジャーン実はNISAを始めたのです！
NISA
お!!ついに投資デビュー!!
いや〜「投資」なんて不安しかなかったけど案外簡単なもんだね
てへ♥
ところでマコも「投資投資」って騒いでたけど…あんたは何をやってんの？
あーそのことなんだけどさ…
そもそも投資に回せる資金なんてないんだよね♡
だ・か・らちょっとお金を私に預けてくんない？めちゃくちゃ増やしてあげるけど？
渡すかー!!
つかバイトしろ!!

だってバイトしたって
お金貯まらないじゃん
？
？
何？
禅問答？
バイト代、
どこに
消えてんのよ！
どーせムダ遣い
してんでしょ！
ムダな
ことなど
この世にないの
です…母よ…
欲しいものはネットに
あふれてるし
食べたいものは
いっぱい
あるし
それを
インスタに
上げなきゃ
だし
SNS時代の
若者は大変なん
ですよ
キーーッ
映えのための
消費活動こそ
ムダの極み!!!
貯金
したくても
残らないん
だもーん
やれやれ…
お前は
いろいろ
間違えてる
ぞ…
承認欲求の
化け物よ…
よく聞きな
さい…
あのね
貯金って
いうのは…

余ったお金を貯めるんじゃなくて先に貯めるお金を取っておくのよ！
NG
10000
給料 − 生活費 = 貯蓄
OK
10000
給料 − 貯蓄 = 生活費
それで残ったお金が使っていいお金!!
ええ！新しい概念！
アホか
ウロコ
何か目標金額を決めて、月々いくら貯めればいいかを考えてまずは貯金しなさい
なるほどです
えーじゃあ夏休みの旅行代そうやって先取りで貯めてみようかな〜
そうよいつも直前になって短期バイトでなんとかするような働き方はもうやめなさい！
ご利用は計画的に!!
うへ〜〜い

お金の貯め方

余剰金で投資にチャレンジ

投資の第一歩は先取り貯金から

家計の支出の優先順位は、まず「返済するお金」、そして「貯金」です。余ったお金が「生活資金」です。

貯金は手取りの10から20%を目安にします。使用目的を決めておき、毎月決まった金額を先に貯金に回す「先取り貯金」にします。他の支出と混在しないように、できる限り銀行や金融商品を変えておくと安心です。

最初は銀行などにお金を預ける預貯金から始めます。預金の利率はネット銀行が有利なのでおすすめ。振込手数料の優遇など特色があります。懸賞金付きや宝くじをもらえるなど、情報を集めて預ける銀行を選びましょう。

また、親が子どもの銀行口座を作って管理している場合は、子どもにいつ任せるかも考えておくといいでしょう。我が家では、長女は大学卒業時、長男は高校生のうちに渡しました。現在大学4年生の長男の場合、通帳はお金の流れをチェックするために親が管理し、キャッシュカードは本人が持っています。

そして、当面使用しない預貯金があれば10万円からでも債券や投資信託などの金融商品への投資に親子でトライしてみましょう。投資の目的は、元手となるお金を増やすことです。投資にはリスクもありますが、銀行の預金の利子より大きな利益を得ることも多いのです。

ただし、生活費や使い道が決まったお金は投資には向きません。大げさな言い方をすると失っても構わないお金であって「余裕資金」です。50代半ばを過ぎた私の場合、家計とは別に、半分を預貯金にもう半分を投資信託と株式で運用しています。20代30代の若い人なら預貯金より投資への割合をもっと増してもいいでしょう。

子どもの毎月のお小遣いや、お年玉などの貯金から金額を決めて投資に捻出させてもいいでしょう。一方で、軍資金がなく、これから準備をするという場合、左ページを参考に貯金の仕組み作りから考えさせてみましょう。

貯金体質にする家計の引き算

× 手取り収入 − 生活するお金 ＝ 貯金（余ったら）

○ 手取り収入 − 貯金 ＝ 生活するお金

積立サービスを利用してお金が貯まる仕組みを作る

お金が入ったら、貯金などを先取りできる「積立定期預金」など、自動的に積み立てられるサービスを利用する。さらにNISAの積み立てるサービスを利用して投資にもトライできる。

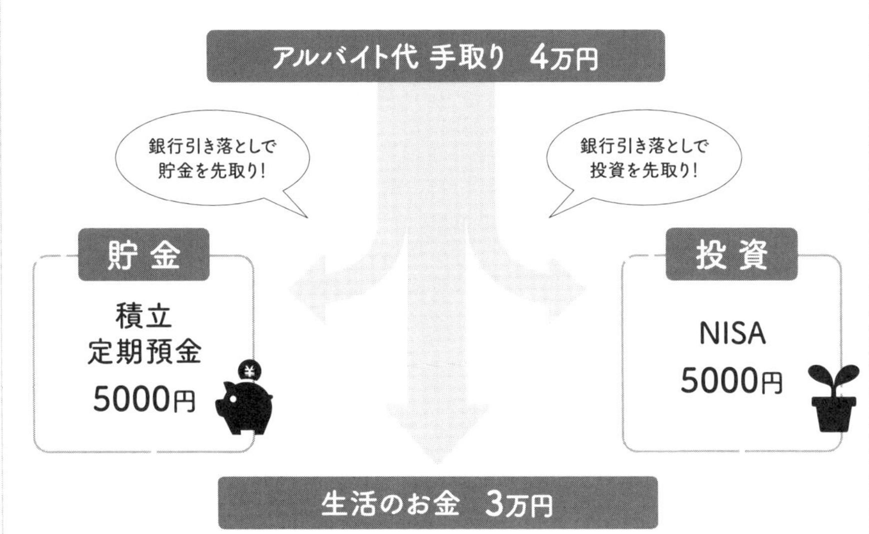

例 貯金から投資資金を捻出する考え方

当面使わない貯金や自分のお小遣いから投資に回す割合を決める

❶ 貯金100万円のうち30万円を投資に使う

❷ お小遣い1万円のうち、1000円を投資に使う

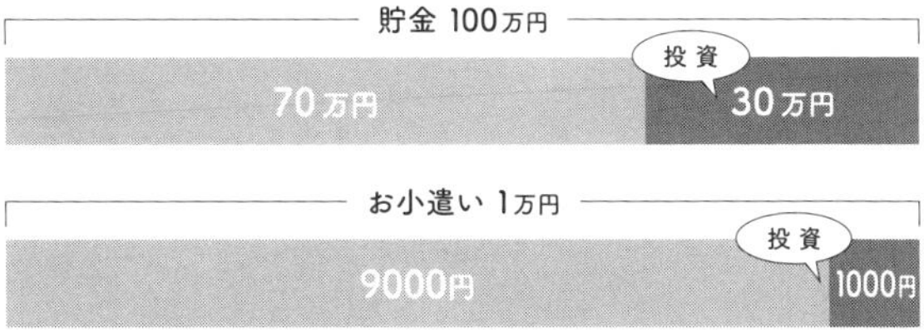

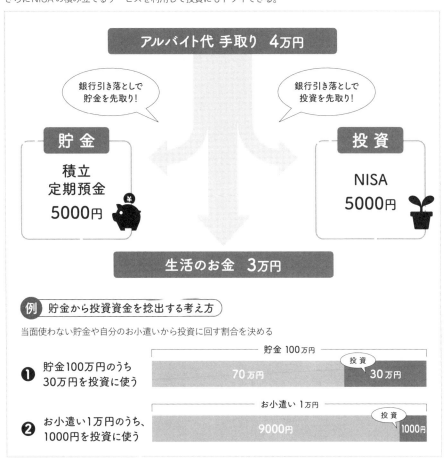

お金を貯める

Theme 2

投資の基本のキ

何を買うと「投資」なの？

投資対象となる代表的な金融商品

ここでは、代表的な金融商品をリスクが小さい順番に紹介します。

「債券」は、国や企業などが基本利率（利払い）を付けて発行する商品で満期（償還：元本の返還）があります。満期まで保有すれば元本を割ることはないので、使う時期が決まっているお金の投資に向いています。私の主観になりますが、身近な債券には個人向け国債や新窓販国債があります。

「投資信託」は、投資家から集められたお金をまとめて大きな資金として、運用のプロと呼ばれる人（ファンドマネージャー）が株式などに投資してくれるものです。一般的な投資信託は銀行や証券会社などで買えますが、取引所に上場している投資信託（ＥＴＦやＲＥＩＴ《リート》）は証券会社でしか買えません。

「株式」に関しては、取引所に上場している株式（上場株式）であれば投資家は証券会社にどの株を買うか注文を出して、取引所を通じて買うことができます。

「ＦＸ」は、「外国為替証拠金取引」のことです。通貨を売買したときには発生する差額によって損益が生じます。１ドル＝１００円で買った後に、１ドル＝１１０円になると10円儲かります。反対に、１ドル＝90円になると10円損をします。簡単に説明するとこの10円という利益（為替差益）を狙う取引のことです。

私は上場株式と投資信託を選んで手堅い投資を心がけています。上場株式は基本的に「東京証券取引所（東証）のプライム市場（東証の上位の市場）」に上場している株式から選んでいます。取引される数量が多いので、いつでも売買できると思うからです。投資信託は、情報提供が手厚い直販型の投資信託を選んでいます。また、株式市場が下がったときには買うチャンスと考え、日経平均株価に連動するＥＴＦを買っています。

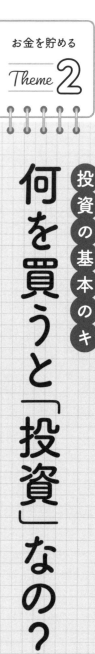

主な金融商品の特徴

※リスクレベルは星の数が多いほどリスクが高い。リスクレベルの評価は監修者の所見。

	金融商品	リスクレベル	概要や特徴	利益となるもの
	生命保険	★★☆☆☆	満期保険金や解約返戻金を目的にする貯蓄性のある商品もある。	満期保険金、解約返戻金など
	債券	★☆☆☆☆	国や企業など、発行体は様々。利払いや満期（償還）は約束されているが、発行体が破たんするリスクもある。	利子など
	投資信託	★★★☆☆	一般的に購入時、保有時、換金（売却）時に手数料がかかる。公社債投資信託、株式投資信託、ETF、REITなど種類が豊富。	分配金、売却益
	株式	★★★★☆	一定株数を持てば株主になれる。会社の利益により配当金がもらえる。会社の業績や金利の影響などが株価変動の要因と言われる。	配当金、売却益、優待制度
現物資産への投資	不動産	★★★★☆	不動産そのものを買って投資することが可能。実物を買わずに不動産の投資信託（REIT）を購入することも可能。	家賃、売却益、分配金など
現物資産への投資	金《きん》	★★☆☆☆	純金積立や金貨などを購入可能。その他、金ETFなど金融商品もある。インフレ懸念や株価下落などは金価格上昇の要因となる。	売却益

お金を貯める

Theme 3

どこで買う？どうやって入金？

投資信託・株の始め方

証券会社で口座を作る方法

証券会社に口座開設するには、まず「特定口座（年間取引の損益の計算などをしてくれる口座）」を作るとよいでしょう。NISAを始めたい場合は、証券会社によりますが「特定口座の開設時」、あるいは、「特定口座」を作ってから「NISA口座」を作ります。

特定口座を作るには、証券会社の窓口へ行って申し込む、郵送でやり取りする、ネットで申し込むなどの方法があります。

ネット証券であれば、わざわざ窓口に出向く必要がないので、時間を気にせずに手続きができます。その場合、ネットでの申請のみか、郵送でやり取りするかのうち、希望するほうを選びます。スマホとマイナンバーカードがあれば、インターネットを介してその場で口座を開設することもできます。

証券会社に口座を開設するとき、または、開設後に決めなくてはならない設定があります。1つは特定口座の「源泉徴収あり／なし」の選択です。「源泉徴収」とは税金を徴収し、納税まで済ませてくれることです。2つめは、配当金や分配金の受け取り方法の選択。おすすめは「株式数比例配分方式」。特定口座やNISA口座に配当金（株式で配分されるお金）や分配金（投資信託で配分されるお金）が直接、入金されるサービスです。NISA口座に入金される配当金は一定金額以内では非課税です。しかし、この「株式数比例配分方式」を選び忘れると配当金や分配金などにも課税されてしまうので、必ず設定しておくことをおすすめします。

未成年が口座を作ることも可能ですが、作れる証券会社は数少ないので、18歳になったら投資デビューをすることを目標にしてみましょう。

証券会社で口座を作る流れ

証券会社のサイトを開く

↓

インターネット上での開設か、郵送での開設かを選ぶ　店舗での開設も可能な場合もある

↓

「特定口座」を開設する　このときに「NISA口座」も開設できる場合もある

↓

「源泉徴収/あり」「源泉徴収/なし」を選ぶ

↓

配当金などの受け取り方法を選ぶ

- 株式数比例配分方式（証券口座で受け取る）
- 配当金領収証方式（自宅に配当金の通知が届くので自分で金融機関などに出向いて受領する）

※NISAを利用するときは、株式数比例配分方式を選ぶとよい

↓

このほか、必要事項の手続きを行うと、開設通知が届く

↓

取引開始が可能に！（資金の入金を忘れずに）

投資信託にかかる費用

支払う時期	名称	費用の内容	支払い方法
買う	購入時手数料	購入時に販売会社に支払う費用 この費用がない場合（ノーロードという）もある。	直接支払う
保有する	運用管理費用（信託報酬）	保有額に応じて支払う費用	投資信託の信託財産（保有資産）から間接的に支払われる
保有する	監査報酬	投資信託の監査にかかる費用	投資信託の信託財産（保有資産）から間接的に支払われる
保有する	売買委託手数料	投資信託が株式などを売買する際にかかる費用	投資信託の信託財産（保有資産）から間接的に支払われる
売る	信託財産留保額	購入または解約するとき、徴収される費用 投資信託によって差し引かれるものと差し引かれないものがある。	直接支払う

投資信託と株式の買い方、保有、売り方

リスクはありますが、金融商品として魅力がある投資信託（ここでは一般的な投資信託）や株式の売買などについて、ネット証券でのケースを紹介します。

投資信託は、銀行や証券会社などで買うことができます。投資信託を買うときは、「投資信託説明書（交付目論見書）」で、その特徴やリスク、かかる費用、運用の実績について確認しましょう。注文は証券会社などが決めた時間内に出します。購入すると「取引報告書」がメールで送られてきます。保有をしている間、基準価額が変動します。投資信託の値段は基準価額といい、日々計算されます。買った投資信託がどのように運用されてその実績はどうだったのかを知らせる「運用報告書」が送られてきますのでチェックしましょう。預けている証券会社などのサイトにログインすれば、基準価額が反映された損益の状態をいつでも確認できます。基準価額が上がって利益がでるので売りたいと思ったら、売る注文を出せば売ることができます。また、投資信託の取引や保有には費用がかかります。「購入時」「保有中」「売却時」の費用については85ページにまとめましたのでチェックしておきましょう。

株式を買いたいときは、証券会社などに買う注文を出します。注文の単位は取引所では１００株単位に統一されており、注文を出せる時間が決まっています。ただし、証券会社が提供する株式ミニ投資（取扱いがない証券会社もあり、取引ができる銘柄も証券会社によって異なる）では10株単位で取引ができます。

株式は証券取引所が稼働している時間中、株価が変動します。証券会社などから注文を受けて取引所はその株式を売ってくれる相手を探します。相手が見つかれば注文が成立します。昔は人がこの取引をしていましたが、さすがに今はコンピューター化されて瞬時に約定（株式の売買が成立すること）がされます。買った株式は、ペーパーレス化されているため株券を見ることはできませんが証券会社などの口座で管理されます。

株式の時価は、ネットで検索すると見られます。口座がある証券会社にログインすれば、保有する株式の残高（損益）の状態を確認できます。

売りたいときも、ログインして、注文を出します。取引所に上場している会社はＣＭが流れるような知名度が高い会社も多いです。気になる会社があればネットから情報を取るなどして業績や経営状況、成長の見込みなどを調べて、投資するかどうかを判断しましょう。

株式の売買注文の流れ

買い注文の指示を出す

❶ 銘柄と証券コード

❷ 数量

❸ 値段（成行または指値など）

※成行（なりゆき）とは値段を指定せず、注文の成立を優先させる方法で、
指値（さしね）とは値段を指定して注文する方法。

❹ 売り・買いの別

❺ 注文の有効期限（本日限り、今週限りなど）

❻ 市場（例：東京証券取引所）

「取引報告書」の内容を確認する

注文が成立（約定）すると証券会社から「取引（売買）報告書」が送付される。

買代金の決済と株式の受け渡し

注文が成立（約定）してから、その日（約定日）を含め、3営業日目が受け渡し日。
売買委託手数料は、買代金に上乗せされる。
購入した株式は、証券会社の口座で電子的に管理される。

配当金などの受け取り（保有中）

配当金は、原則株主総会後に配当金支払通知書が、
株主優待制度があれば、株主優待品が送られてくる。

売り注文

売る場合は、売代金から手数料が引かれる。

お金を貯める

Theme 4

時間を味方につけて賢く増やす 若い人におすすめの投資ＮＩＳＡ

ポイントは「長期」「積立」「分散」

少しでもお金を増やしたいなら、投資を学んで実践しましょう。もちろん、投資には、リスクはつきものです。リスクはゼロにすることはできませんが減らすことは可能。「長期」「積立」「分散」がキーワードになります。

「長期」とは、長期投資のこと。20歳と50歳の人では、65歳までの時間に大きな差があります。例えば、毎月１万円を積み立てながら、年率３％で運用したら、65歳のときに20歳の人は45年間で約１１００万円に、50歳の人は15年間で約２２０万円になります（年間12万円を年率３％複利で独自に試算。税金や手数料等は考慮していない）。また、長期投資では「複利」での運用が可能です。投資で得られた利益を当初の元本にプラスし、その新しい元本で運用していくので「雪だるま方式」でお金を効率的に増やしていくことができます。

「積立」は言葉通りコツコツ積み立てることです。投資をする場合、一括と積立で買う方法があり、買う回数を分けて買ったほうが、購入単価が平準化されると言われています（ドル・コスト平均法）。例えば、毎月１万円分の投資信託を買う場合、安いときは多く、高いときは少なく購入できます。その結果、平均的な購入単価が一括で買ったときよりも安くなるという考え方です。

「分散」は投資する対象を１つではなく、複数に分けて運用する考え方です。債券、投資信託や株式、不動産などの資産はそれぞれ価格が変動します。分散すれば、そのうちの１つが下落しても、ダメージが少なくすみます。

これらのメリットを集めたのが「ＮＩＳＡ（少額投資非課税制度）」です。儲かった分には原則、税金がかかりますがＮＩＳＡではかかりません。例えば、インデックスという市場全体の動きを表す指数に投資することから始めてみましょう。積み立てをしながらリスクを分散し、長期投資することも出来ます。

リスクの分散は「長期」「積立」「分散」

長期 毎月1万円ずつ積み立て、年利3％で運用

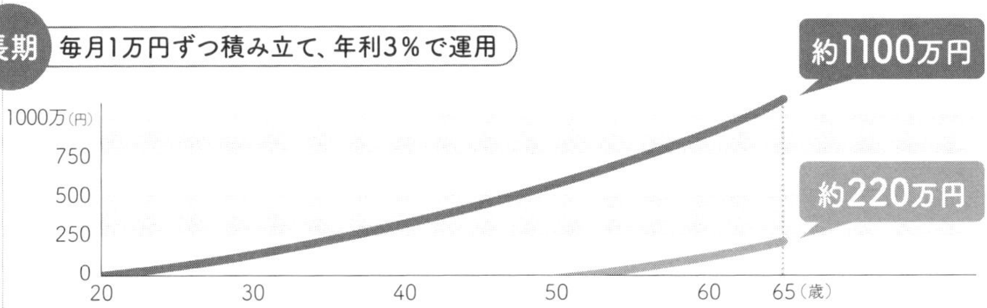

積立 合計4万円分の投資信託を購入したケース

	1カ月目	2カ月目	3カ月目	4カ月目	合計	平均購入単価
投資信託の基準価値の推移（1万口あたり）	1万円	2万円	5千円	1万円		
1カ月目に4万円分購入	4万口	—	—	—	4万口	1万円
毎月1万円ずつ合計4万円購入	1万口	5000口	2万口	1万口	45000口	約9千円

分散 複数のカゴに分けた場合（投資先を分けた場合）

2024年1月から始まる新しいNISA（少額投資非課税制度）

証券会社や銀行等に口座を開設して利用可能。売却益や配当・分配金に税金がかからない（非課税）。

	つみたて投資枠	成長投資枠
利用できる人	日本に住む18歳以上の人	
年間に投資できる金額	120万円	240万円
非課税が適用される期間	無期限	
非課税で保有できる限度額	1800万円（ただし、成長投資枠は1200万円まで）	
投資できる金融商品	金融庁の基準を満たした投資信託のみ	上場株式や投資信託等（一部の商品を除く）

注意点
※投資する金融商品には元本割れするリスクがある
※つみたて投資枠と成長投資枠で金融機関を分けて使えない

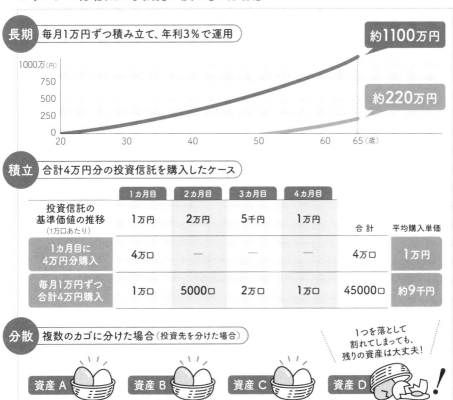

TAKEYA'S TALK

長女の投資（中2から大卒まで）

子どもごとに掲げた教育方針（親の哲学）の中に、長女には「経済・金融について学ばせたい」という項目を盛り込んでいました。長女が中学2年生のときに、投資にチャレンジしてみないかと誘ってみました。

長女は投資とは何なのかわからないながらも、面白そうという感じで始めました。株式に興味があり、「好きな会社の株式が買えたらいいなぁ」と楽しみにしていました。

まずは、証券会社に「未成年口座」を作ります。口座の作り方は前述しましたが、未成年口座を作ることができる証券会社は少なく、「どこで作ることができるか」調べ、「その中でどの証券会社を選ぶか」を考えることに時間がかかりました。

投資に充てるお金は長女の貯金から捻出させ、「投資した以上に増える可能性があるけれど元本保証ではない。お金が減ってしまうこともあるので、投資するお金は万が一失くしても構わないという金額を考えて」と助言しました。その結果、貯金から8万円を証券会社へ入金し、投資がスタート！

大好きなスターバックスの株式を買おうか検討しているうちに10万円ないと購入できなくなり夢は頓挫。少額で買えるETF（上場している投資信託）に変更。TOPIX（東証株価指数）と連動した値動きをするETFへ投資し、9年後の大学卒業時には倍の16万円になりました。

大学卒業と同時に親のお金の教育も卒業。証券会社のお金は全て引き上げ、長女に任せました。現在、社会人6年目で、確定拠出年金や貯金をし、不動産購入を夢見て資産形成をしています。

Volume 4

見えないお金
（キャッシュレス）

ご飯できたよー
ミワ、コースケ呼んできてー
はーい
コースケ、今日のプログラミング教室どうだった？
楽しかったよー
あ、ママ スイカのお金あと100円くらいしかないー
えっ!?
ちょっとまって？
この前チャージしたとこだよ？
でももうないんだもーん
ちょっとスイカ貸しなさい！
はーい…

あ…そーいえば のど渇いて この前 ジュース買った かもー…
水筒忘れちゃって… へへっ
ギロッ
にしても減りすぎでしょーが！
翌日
やっぱり！
ICカード残高ご利用明細
物販
物販
物販
入 ○○○ 出○○○
入 ○○○ 出○○○
物販
物販
入 ○○○ 出○○○
入 ○○○ 出○○○
しょっちゅう買い食いしてるな!?
電車に乗るためだけに使うんだよ！
はーーい
って言ってたのに!!
お金の湧き出る打ち出の小づちと思ってるんじゃないでしょうね…
いや、6年生ならありえるな…
このままじゃダメだわ ちゃんとキャッシュレスの仕組みを教えておかないと！

夜
コースケ、このカードはドラえもんの道具じゃないのよ
はい…
いくらでもお金を使っていいカードじゃないの
今からコンビニでチャージするから一緒に行くわよ
わーいお菓子買ってーっ
ダメー!!
スイカのチャージお願いします
Suica
いくらにしますか?
3000円で
スッ
1000
千円
レシートになります
SON
【領収書】
交通系マネーチャージ
合計 ¥3,000

ママがこうやってお金を払った分、カードで使えるようになってるのよ
チャージってそういうことだったんだ〜
やっぱりわかってなかったのか…
今度交通費以外に使ったら、お小遣いから返してもらうからね！
はーい
なんてことがこの前ありまして…
今の子どもたちってキャッシュレスが当たり前になってきてるから「お金を支払っている」という感覚が少し希薄な気がするのよね
わかる…

うちはマコがさーネットで買い物するのに不便だからってクレジットカード作ってくれってうるさくて…
はあ…
代引きめんどい!!
クレジットカードこそ打ち出の小づちと錯覚しそうで怖い…
学生のうちにカード作って大丈夫かしら…
私の姪《めい》っ子はリボ払いで買い物して、返済するのが大変だったみたいよ…
リボ払い!!
絶対やったらダメって言うよね!?
月々5000円払うだけだお♥
リボアクマ
リ
一生バイトでやっていくだの、億り人になるだの…
お花畑なところがあるからカードを持たせるなんて心配しかないわ…
アハハ
ウフフ
やっぱ社会人になるまでカードは禁止しようかな

いや待って！
カッ
今の時代クレジットカード作成はやむなし！
たけや先生！
むしろお金の教育の機会にするのがいいわ
お邪魔します…
どーぞどーぞ
お金の教育…具体的には何を教えればいいんでしょうか…
まずは「リボ払い」は厳禁ってことね
わし、なんでそんなに嫌わはるのん…
もしもし？
10万円の買い物しても月々数千円を払っていけばいいなんて最高やん？

まず手数料が高い!!
ガス!
ゴフゥ
金利手数料15〜18%※前後だと消費者金融でお金を借りるのと同じくらいの利率よ!?
バ…バレてた?
10万円の買い物をして月5千円を20回に分けて返済した場合、15%の利率だと返済総額は11万3120円になります
手数料だけで1万3120円もかかっちゃうの!?
ヤベ…
それに月々返済しているからと安心して、重ねて利用しがち
そうするとリボの支払い残高がわからなくなり
手数料を払い続けいつまでも完済できない状態に…
ギャ———!!
ぐほっ

※カード会社によって異なります。

という話もして
リボ払いはくれぐれも
利用しないように
言い聞かせる
昇天…
はじめのうちは
「何に使うか」
「どうやって返すか」を
親に報告させること
そして月に1回
明細が届いたら
親子でチェック
これは
これは
明細
何に使ったのか
しっかり振り返りを
すること
フム
フム
…というのを条件に
クレジットカードを
作ること許可します！
やったー！！
なんつって
私もいつも
明細ろくに
見ないで
捨ててたな…
コソ…
ちゃんと
チェックしよ…

見えないお金

Theme 1

見えないお金 キャッシュレス決済

お金とテクノロジー

お金の役割は「欲しいものと交換できること」「ものの価値（基準）を知ることができること」「貯蔵する（貯める）ことができること」です。

現在、日本では４種類のお札と６種類の硬貨が発行されています。これまでは、これらの「現金」が、やりとりの中心でした。しかし、近年、家計簿アプリや投資などのアドバイスをするロボアドバイザー、キャッシュレス決済など、フィンテックと呼ばれるお金の技術化が進んでおり、お金に関するやりとりも様変わりしています。

キャッシュレス決済は、直接現金をやり取りしない決済のことです。キャッシュレスの支払方法には、「前払い」「即時払い」「後払い」があります。

前払いは、プリペイド方式のことで、利用する前に現金をチャージして、買い物をするときにお店の機械で読み取って支払います。

「即時払い」は、デビット方式のことで、買い物のときにカードをお店の機械で読み取り、銀行口座から即時に引き落とし、支払います。

「後払い」は、ポストペイ方式のことで、買い物のときにカード会社がその代金を立て替え、後日、利用した分をカード会社に支払います。

キャッシュレスの手段には、電子マネーやデビットカード、クレジットカードがあります。このほか、最近急速に普及した○○Ｐａｙなどのスマートフォン決済があります。スマートフォン決済は、文字通りスマートフォンを使用して決済するため、子どもでもスマートフォンを持っていれば利用することが可能です。銀行口座やクレジットカードの紐《ひも》づけがなくても、コンビニで現金をチャージすれば利用できます。これも新しい決済方法に慣れる経験となりますので、子どもにスマートフォンを与える際、使い方を教えておくといいでしょう。

●キャッシュレスの支払方法

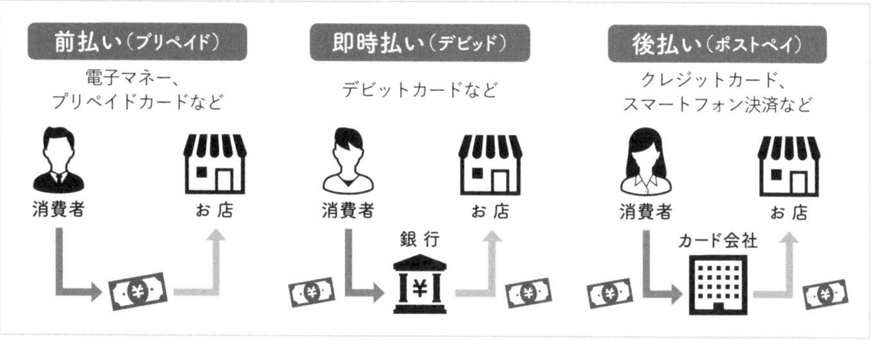

出典：経済産業省HPを加工

●キャッシュレス決済のメリット・デメリット

メリット

- ▶ 現金を持ち歩く必要がない（大金を持ち歩くリスクもなくなる）。
- ▶ 日常のあらゆる場面で利用が可能
（スーパー、交通機関、通販・インターネットショップ、病院など）。
- ▶ レジで小銭を出す手間がいらない。
- ▶ 現金がなくなる都度、銀行やコンビニのATMに出向く必要がない。

デメリット

- ▶「前払い方式」は残高を確認しておく必要がある。
- ▶「前払い方式」のチャージが面倒。
- ▶「後払い方式」は使い過ぎてしまう。
- ▶ クレジットカードの番号が盗まれるリスクがある。
- ▶ スマートフォン決済などは特に技術の進展が早く、情報収集や機種が追いつかないことも。

●スマートフォン決済の仕組み

スマートフォン決済は、スマートフォンにクレジットカードや電子マネー、銀行口座などを登録しておくことでそこから支払いができる決済の手段です。コンビニでチャージできる場合もあります。

利用方法

❶ アプリをインストールする ⟶ ❷ 支払い方法を登録する

アンドロイドやアイフォン専用のアプリを使用します。

クレジットカードや銀行口座などを登録することでアプリにお金を入金できます。

支払方法

パターン① ▶ お店にある「QRコード（二次元コード）」を読み取る。

パターン② ▶ スマートフォンアプリを起動して、アプリに表示される「QRコード」や「バーコード」をお店に読み取ってもらう。

パターン③ ▶ スマートフォン自体をお店の画面にタッチさせる。

見えないお金

Theme 2

18歳から作成可能 クレジットカードの仕組み

カードは上手に使って振り返りを

クレジットカードは誰でも持てるわけではありません。カードを申し込むとクレジットカード会社の審査を受け、その審査に通れば、その人に信用があるという判断の下《もと》でカードが発行されます。クレジットカードは、18歳から親の同意なしで作ることができます。

クレジットカードは、様々な会社から発行され、どれを選べばいいのか迷いますね。決め手のひとつに、利用金額に応じてもらえるポイントがあります。還元率（ポイントがもらえる率）も大切ですが、貯まったポイントを何に使うのかをよく検討して選ぶといいでしょう。

カードの支払い方法は、「一括払い」「分割払い」「リボルビング払い（リボ払い）」から選択します。クレジットカードを持つと、リボ払いを利用していなくても、「支払方法を変えられます！」と毎月のように「リボ払い」への支払い変更の勧誘がきます。リボ払いと一括払いや分割払いの異なる点は、毎月の支払金額が「一定」であるということです。その月のお金のやりくりが厳しいときに、このリボ払いを利用すると、どんなに使っていても支払金額が一定（例えば2万円）になるので、厳しかった資金繰りが一気に楽になります。しかし、支払残高が残っている限り無限に支払いが続きます。また、毎月の支払金額には手数料（利息）が含まれている点にも注意が必要です。左ページの図解で詳しく解説していますが、買い物した金額を単純に分割して支払っているわけでなく、残高に対して手数料も支払っています。子どもがクレジットカードを上手に利用するために、利用・支払計画を立て、収入以上の利用はしないことを教えましょう。利用明細には必ず目を通すことで使った「振り返り」をします。使い方を間違えると複数の借金で返済が困難になってしまう「多重債務」に陥る可能性があることも教えてあげてください。

クレジットカードのメリット・デメリット

メリット

- ▶ 利用金額に応じて、ポイントがもらえる。
- ▶ お金が入る、あるいは貯まるまで待たずに、欲しいものを買える。
- ▶ 自分の都合のよいタイミングで買い物ができる。
- ▶ 利用明細を家計簿の代わりに使用できる。

デメリット

- ▶ お金を使ったという実感がない。
- ▶ 使った分を把握しておかないと支払日に慌てることになる。
- ▶ 支払能力以上の買い物をしてしまう可能性がある。

リボ払いの仕組み

リボ払いはクレジットカードの利用金額や利用数にかかわらず、事前に設定した「一定の金額」を毎月支払う方法です。分割払いは、支払回数を選ぶことができますので例えば3回払いなら3カ月で支払いが完済します。リボ払いは「支払残高」がなくなるまで支払いは続きます。

リボ払いのイメージ

支払残高の金額に関係なく毎月一定額と手数料を支払います。
月々の支払残高に対して手数料（利息）が発生します。

例　毎月定額で2万円支払いコースを選んでいる場合

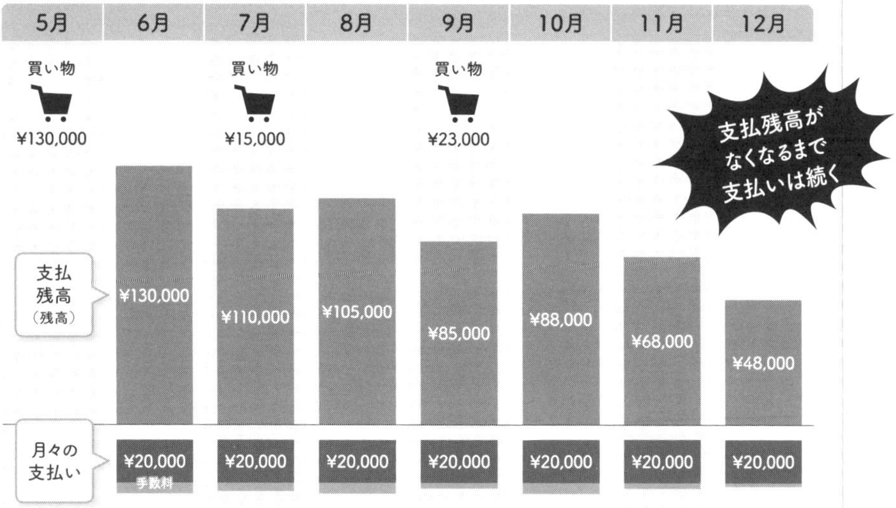

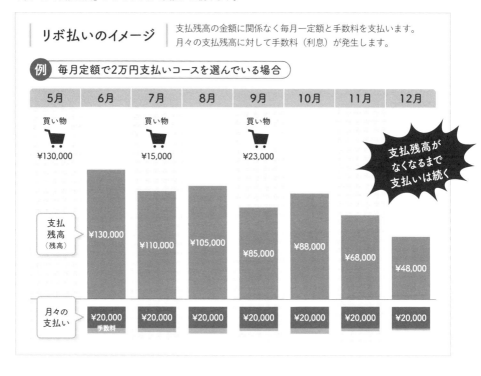

TAKEYA'S TALK

子どものクレジットカードを選んでみよう

クレジットカードは18歳から作ることができますが、20歳前後の若い年齢層を対象にしたものや学生専用のクレジットカードがあります。若者向けのクレジットカードの特典には、例えば、年会費の格安優遇や無料待遇、またはポイント還元率の優遇などがあります。なぜなら、若いうちからそのクレジットカードのブランドに慣れ親しむことで、長く利用してもらいたいという思惑があるからです。銀行も元々口座を持っていたところがメインバンクになることが多く、クレジットカードも同じで最初に作り、使い慣れたカードを持ち続ける可能性があるからです。

我が家では、長女は20歳からクレジットカードを持っていて、若者向けのクレジットカードを作りました。年会費が無料で、さらに医療保険に無料で申し込むことができるなど、クレジットカード会社独自の特典を受けています。長男は海外に行くために急いでクレジットカードを作った経験があります。学生限定のものを作り、社会人になると自動的に一般カードに更新されるはずでした。ただ残念なことにこのクレジットカード会社のカスタマーサポートの対応が悪く、困ってしまった経験から、更新を機会にメインバンクのクレジットカードに切り替えたいようです。

若いうちはクレジットカードの必要性は感じることがないかもしれませんが、海外へ行くときやサブスクなどのサービスを利用する際に必須となることもあります。慌ててつくって後悔しないように、18歳になる前にどのクレジットカードを選ぶかいくつか候補を考えておくといいでしょう。

Volume 5

金銭トラブル

昨日から娘の様子がおかしい…
いつもは
ママ、この動画めっちゃかわいい!!
見て見てーっ
バイト先のお客さんでさーーっ
うるさいほどくだらない話ばかりしてくるのに……
しーーーん…
はあぁ…
ねえ…
なんかあったの?
ギクリ
心配事があるなら相談にのるわよ?
言いたくないのならいいけど…
うっ

実は…
あー夏までに脱毛したいなー
お!私も思ってた!
一緒にいかない?
ねーねー
見てここ!
ジャーン!
全身脱毛 1回 1980円
全身脱毛 1回1980円!
え!安!!
脱毛って何回くらいで終わるのかな?
医療脱毛だとだいたい10回くらいらしいよ
…てことは2万円くらいでできるの?
やりたい!!
サイコーかよ!!

…と広告に飛びついて
さっそくカウンセリングを
予約したんだけど…
実際は
え!?
ニコー
全部で
23万円!?
一括での
お支払いですと
23万円になりますが
ニコー
頭金とボーナス払いを
年２回お支払いいただき
分割でしたら
月々１９８０円から
ご利用いただけ
ますぅ〜♡
1回
1980円て
そういうこと
だったのか…
72回払い
…って
6年間も払い
続けるの!?
1980円/月
×
72回払い
頭金、ボーナス払い
が、気づいた
ときには

セールストークに洗脳されていて
どうせやるなら少しでも早いほうが…
私もやりましたけど本当に楽で…
最新の機械を導入しており…
今ならケア用のクリームもおつけしますよ
ゆーて月1980円だしな…
サラサラっと…
契約します
って、契約して帰ってきちゃった
23万だったね…
な…なんとかなるよ!
うん、これで全身スベスベになれるんだしね!
うんうん
ボーーッ
でもあとで冷静に考えたら…
23万なんて払いたくないー!!
2万円でできると思ったから行ったのにー!!
私のバカバカバカーッ
一括で23万だったら分割でもっと払うことになるわよ
手数料かかるから…

なにやってんのよ…
って言いたいところだけどよくぞ相談してくれた！
そうねえ…あなたが未成年だったら取り消せる方法は知ってるんだけど…
未成年の契約取消
通知の書き方
取消通知
東京都江戸山区大岩１丁目２番地
オオイワマンション302
谷　マコ　㊞谷
東京都古宿区古宿６丁目５番地
ツルピカ株式会社
代表取締役　毛無　麗子殿
令和５年７月１日に、貴社のアドバイザー進目益代氏に勧められて締結しました全身脱毛コース（価格23万円）の購入契約は、未成年者の私が、親の同意なしに行ったものであり、取り消します。
令和５年７月４日
未成年者は保護者などの法定代理人の同意を得ずにした契約は取り消すことができます

ちなみにナゼ知っているかといえば私も大昔にやらかしたことがあり母に手続きしてもらったことがあるからであーる
なんでこんな高額のエステ契約したの!!
無料お試しにつられて行ったらグイグイ迫られてー!!
マコには内緒…
2022年の4月から成人年齢が18歳に引き下げられたからこれは使えないし…
うーむ
19歳
おしい!!
「おしい」じゃないよ
こんなときはとりあえず消費者生活センターに相談してみなさい
消費者生活センター
188
ママがかけて…
アホか!! 原則本人が電話しなきゃダメなの!!
188
188と
プルル…
う〜〜〜緊張する
プルル…

はい江戸山区消費者センターです
お住まい名前連絡先を教えてください
東京都江戸山区大岩1-2オオイワマンション302谷マコ090-×××-××××です
年齢と職業を教えてください
19歳学生です
どんなご相談ですか?
えっと…契約した脱毛サロンの支払いが高額で…解約したいんですが…
契約期間と金額施術内容はわかりますか?
サッ
契約書
え〜と…全身脱毛のコース23万円で2023年〜2029年までの72回払いと、頭金、ボーナス年2回払いになります

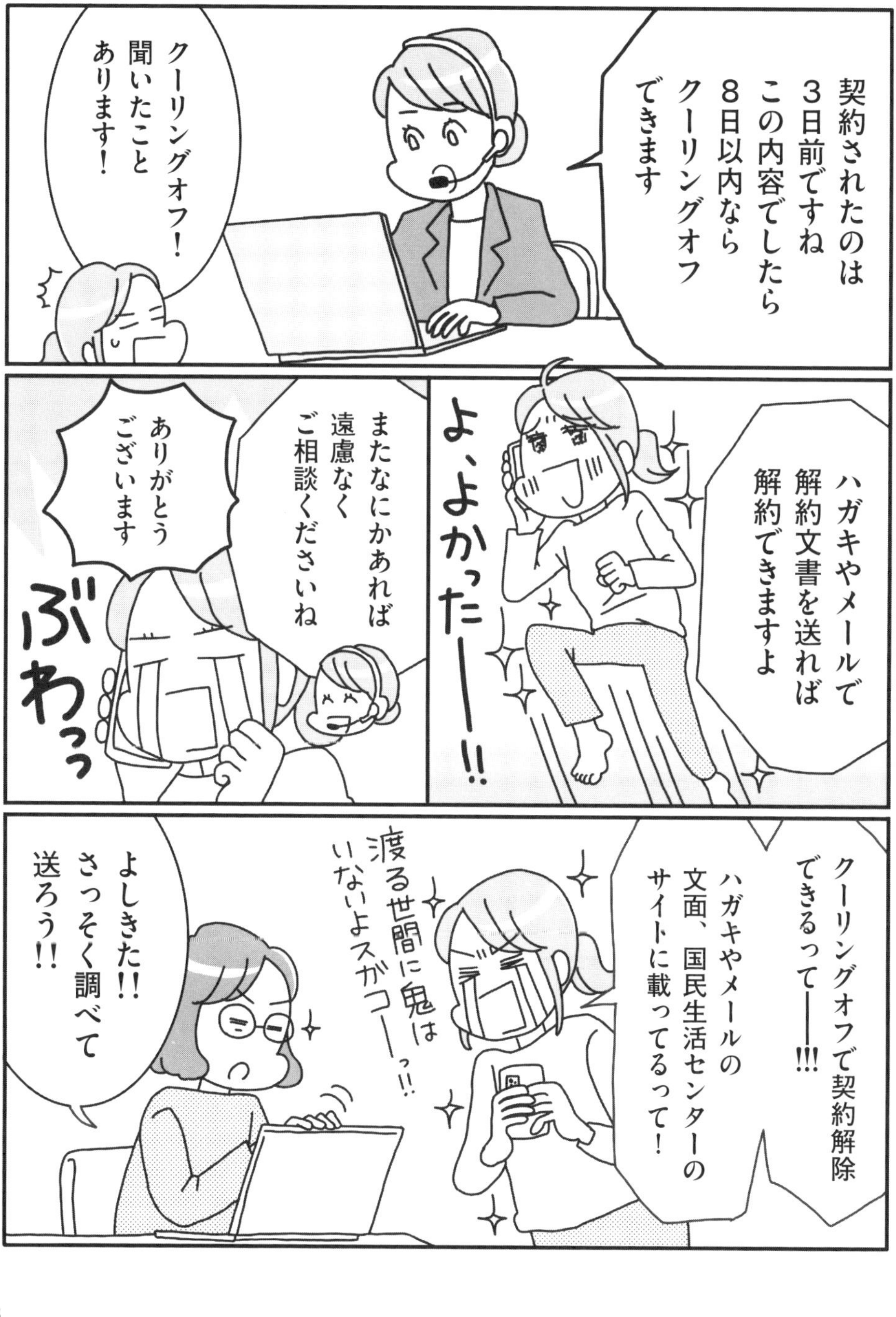
契約されたのは3日前ですね この内容でしたら8日以内ならクーリングオフできます
クーリングオフ! 聞いたことあります!
ハガキやメールで解約文書を送れば解約できますよ
よ、よかったーー!!
またなにかあれば遠慮なくご相談くださいね
ありがとうございます
ぶわっっ
クーリングオフで契約解除できるってーー!!!
ハガキやメールの文面、国民生活センターのサイトに載ってるって!
渡る世間に鬼はいないよスガコーーっ!!
よしきた!! さっそく調べて送ろう!!

クーリングオフのはがき記入例
契約解除通知書
●契約(申込)年月日　令和5年7月1日
●販売会社　ツルピカ株式会社
●担当者名　進目　益代
●契約金額　230、000円
右の契約を解除いたします。
つきましては、当該契約に際して支払いました頭金1万円は、直ちにOKN銀行ポテト支店普通預金口座0123456号に振り込んでください。
令和5年7月4日
東京都江戸山区大岩1丁目2番地
オオイワマンション302
谷　マコ
ハガキは両面コピーをしておくこと…
「特定記録郵便」や「簡易書留」など発信者の記録を残しておきましょう 郵便局の発行する受領書も保管します
メールの場合は送信記録も必ず残しておきましょう! メールフォームで送る場合は、スクリーンショットをとっておきます
記録は残す! 了解です!!

フ――ッ
これで一安心ね
はるかにも教えたらクーリングオフできたみたい
ママありがとね!
脱毛は社会人になってお給料もらえるようになったらまた考えようかな
お得そうな広告に安易に飛びつかずちゃんと調べて、比較検討するのよ
初回無料につられて気づいたら高額のコースを契約なんてこともあるんだから
へえぇ…
よく知ってるね
…まあね
ま、今回のことであなたも慎重になるだろうし…早めに経験できてよかったかもね!
今後もきっといろんな勧誘があるだろうから…
は〜い
気をつけます…

金銭トラブル

Theme 1

お金にまつわるトラブル

巻き込まれないのが大切

金銭トラブル事例

金額を確認し、購入の意思を示して、代金を支払い、その商品やサービスを受け取る契約で、暮らしは成り立っています。交通機関の利用も契約の一つです。

しかし契約にはトラブルもつきもの。例えばインターネットショッピングでは「偽物が届いた」「商品が届かない」「業者と連絡が取れない」などのトラブルがあります。注文前に事業者の所在地、連絡先、利用者の評価、価格は適正か、配送方法や期間、キャンセル・返品の条件を必ず確認しましょう。

また、フリマアプリでは、購入した相手が理不尽な言いがかりをつけてきたり、購入したものが海賊版だったりなどのトラブルの可能性があります。出品する場合は利用規約を確認し、商品の汚れや傷など状態がわかるように説明を作成します。購入した商品はよく確認してから受け取り評価をします。

お金の貸し借りについては、お金を貸してほしいと頼まれても応じないようにさせます。その反対も然《しか》りです。

成人年齢が18歳に引き下げられて、大学生などには「未成年者契約の取消し」が適用されなくなりました。一方で、友人を紹介して商品を売ると報酬がもらえるいわゆるマルチ商法（連鎖販売取引）やエステや語学教室など継続的な利用を高額で契約させる「特定継続的役務提供」、仕事を紹介すると勧誘し商材の購入を求める「業務提供誘引販売取引」に注意します。ＵＲＬをクリックすると不当な料金を請求されるワンクリック詐欺や、マッチングアプリなどで恋人のフリをして高額な商品を売りつける「デート商法」など、若者を狙う悪質商法や詐欺も増えています。契約をするときは、冷静に落ち着いて考える、またトラブルに巻き込まれ、自分では解決できない場合、すぐに助けを求めるよう、ニュースなどを見た折に、子どもに伝えていきましょう。

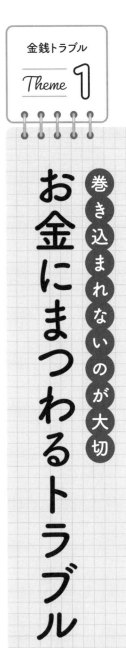

未成年者契約の取消し

18歳未満の子どもが契約してしまったときに、以下の要件すべてに該当すれば、口頭や書面でその契約を取消しすることができます。取消しをすると、支払い義務がなくなったり、子どもが払った代金を返金してもらうことなどができます。

すべてに該当すれば取消し可能

- ✓ 契約したときの子どもの年齢が18歳未満
- ✓ 契約した子どもは1度も結婚したことがない
- ✓ 法定代理人（子どもの親権を有する者。多くは親）が同意していない
- ✓ 法定代理人から、使うことを許された小遣い範囲内の金額ではない
- ✓ 法定代理人が許した子どもの営業に関する取引でない
- ✓ 子どもが、自分を成年者と偽ったり、法定代理人の同意を得ていないのに得ていると偽ったりして、相手が誤って信じてしまっていない
- ✓ 法定代理人や、成年に達した子ども自身が、追認していない
- ✓ 取消権が時効（未成年者が成年になったときから5年間又は契約から20年間）になっていない

取消通知書類の例

未成年者本人からの取消しの場合

取消通知

東京都○○区○丁目○番地
氏名　　　（印）

東京都○○区○丁目○番地
○○○株式会社
代表取締役○○○○殿

令和○年○月○日に、貴社のセールスマン○○氏に勧められて締結しました＜商品名＞又は＜役務名＞（価格○○円）の購入契約は、未成年者の私が、親の同意なしに行ったものであり、取り消します。

つきましては、当該契約に際して支払いました金○○円は、直ちに○○銀行○○支店普通預金口座○○号に振り込んでください。

なお、商品は、早急に引き取ってください。

令和○○年○○月○○日

親権者（親）からの取消しの場合

取消通知

東京都○○区○丁目○番地
氏名　　　（印）

東京都○○区○丁目○番地
○○○株式会社
代表取締役○○○○殿

令和○年○月○日に、貴社のセールスマン○○氏に勧められて、私共の子供○○との間で締結された＜商品名＞又は＜役務名＞（価格○○円）の購入契約は、未成年者が親の同意を得ずに行った行為であり、親権者として取り消します。本人も取消しを望んでいます。

つきましては、当該契約に際して支払いました金○○円は、直ちに○○銀行○○支店普通預金口座○○号に振り込んでください。

なお、商品は、早急に引き取ってください。

令和○○年○○月○○日

金銭トラブル

Theme 2

返済できる？

キャッシングにご注意を

お金を借りるということ

急にお金が必要になったとき、どうすればいいでしょうか。予備費や貯金があれば、そこから一時的に使うことができます。しかし、それらがない、または不足している場合は、どこからかお金を工面しなければなりません。お金を借りる一般的な方法と注意点をお話しします。

現金の借り入れに特化し、専用のカードでATMなどからお金を引き出す「カードローン」は、お金を借りる目的に制約がありません。カードローンは消費者金融が貸し付けます。利用には「利用限度額」があり、その範囲なら何回でも利用が可能。このほか、クレジットカード会社もクレジットカードの付帯サービスとして「キャッシング」を行っています。

消費者金融もクレジットカード会社も、貸金業者です。貸金業者は財務局または都道府県に登録する義務があります。登録もせず、金利や返済方法などを定めた貸金業法に背き違法に貸金業を行っているいわゆる「ヤミ金融」という業者もあります。違法な金利で貸し付ける業者もありますので絶対に借りてはいけません。

カードローンもキャッシングも借金です。15％〜20％の年金利が適用されます。借金返済のために、別の金融機関からお金を借り利息が膨らんで返済ができなくなる「多重債務」に陥ることもあります。

また、借り入れの返済が原則3カ月以上遅れると、信用情報機関に「異動情報」として記録されます。新しいクレジットカードが作れない、住宅ローンの審査に通らないなど、将来にわたって影響が及ぶことがあります。自分の身の丈に合った生活をするためにもお金についての教育が大切だと思っています。

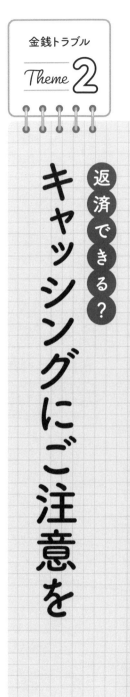

返済が遅れたらどうなるの？

対象となる契約

- ▶ クレジットカード
- ▶ キャッシングやショッピングローンの支払い
- ▶ スマートフォンの割賦払い
- ▶ 奨学金

など

↓ **支払いが遅延**

遅延損害金がかかる

遅延損害金＝**借入残高**（元金の残高）×**遅延損害金利率**（年率）÷**365**×**延滞日数**

↓ **さらに61日もしくは3カ月以上支払いが遅延**

異動情報として 信用情報機関 に登録される

5年間記録が残る
延滞している状態が続くとずっと抹消されません

その間は

キャッシュカードが作れない

住宅ローンが組めない

などのデメリットあり

信用情報機関とは

ローンでお金を借りたり、クレジットカードで買い物をしたりできるのは、利用する人が金融機関で審査を受けて「信用」が得られているからです。その審査は金融機関が利用する人の同意の元、「信用情報機関」に利用する人の情報を照会して行います。信用情報機関は次の３つがあります。

- ▶ 「株式会社日本信用情報機構（JICC）」（主に消費者金融会社が照会）
- ▶ 「株式会社シー・アイ・シー（CIC）」（主にクレジット事業を営む企業が照会）
- ▶ 「全国銀行個人信用情報センター」（銀行や政府関係金融機関などが照会）

金銭トラブル

Theme 3

ひとりで悩まないで 困ったら専門家に相談

トラブルのときに頼れるところ

契約をしたけどやっぱりやめたいと思ったら、一定期間は無条件で解約ができる「クーリングオフ」という制度があります。クーリングオフは、正しく記載された申込書面や契約書面を受け取ってから該当する期間中は無条件で解約ができます。また、書面のほか、メールなど電磁的記録の方法での解約も可能です。左ページのハガキの記載例と同様の内容を記します。ただし、通信販売やフリマアプリでのトラブルは対象になりません。通信販売はサイトの返品特約を確認してから購入しましょう。フリマアプリは当事者間の取引のため、トラブルは当事者間で解決しなければなりません。

　それでも、商品やサービスの販売方法・契約・品質・価格などで困ったことが起きたら、消費生活センターに相談しましょう。消費生活センターは地方公共団体が設置する消費生活に関する相談窓口です。トラブル解決のためのアドバイスや情報提供などを行っています。お住まいの地域の消費生活センターがどこにあるのか分からない場合は、消費者庁が設置する「消費者ホットライン（１８８）」に電話をかけ、自宅の郵便番号を入力すると、最寄りの消費生活センターにつながります。

　法的なトラブルや借金に関する債務整理などに関しては、法テラス（日本司法支援センター）に相談できます。情報の提供や窓口、弁護士の紹介などのサポートを受けられます。また通販でのトラブルは、日本通信販売協会が運営する「通販１１０番」に相談できます。振り込め詐欺やヤミ金融からの執拗《しつよう》な取り立てなどの犯罪行為は警察庁総合相談センターに相談しましょう。

　いずれにしても、周りの人にＳＯＳを出すことが大切です。子どもが失敗したときには、親が一方的に怒るのではなく、一緒に解決策を探す姿勢が、子どもが助けを求める力の素地になります。大切に育んでいきたい力です。

● クーリングオフとは

キャッチセールスを含めた訪問による販売、先方が電話をかけてきて勧誘し商品販売をするために契約したなどの場合は、申込書面または契約書面を受け取った日から一定の期間中は「無条件」で解約ができる制度です。

● クーリングオフの方法

期間	クーリングオフ対象
8日間	訪問販売（キャッチセールス、アポイントメントセールス、催眠商法など）／電話勧誘販売／特定継続的役務提供（エステ、美容医療、学習塾など）／訪問購入
20日間	連鎖販売取引（マルチ商法）／業務提供誘引販売（内職・モニター商法）

注意事項
- クーリングオフの期間は、契約書面を受け取った日から起算。
- 事業者がクーリングオフについて嘘を言ったり妨害した場合や、契約書面に不備がある場合は、期間が過ぎていてもクーリングオフできる場合がある。

クーリングオフができない取引例

- ▶ 店舗で購入した場合
- ▶ 通信販売で購入した場合
- ▶ 不動産の賃貸契約
- ▶ 自動車販売などの契約
- ▶ 葬儀サービスの契約
- ▶ 3,000円未満の現金取引　など

● クーリングオフをするときのハガキ記載例

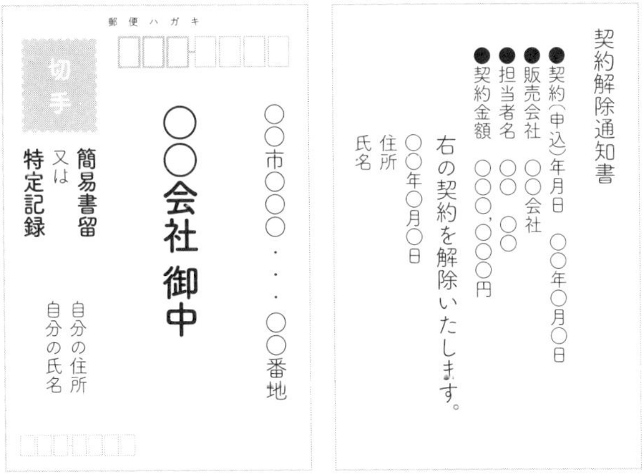

● 困ったときの相談窓口

❶ 消費者ホットライン
TEL #188

❷ 法テラス（日本司法支援センター）
TEL 0570-078374　URL https://www.houterasu.or.jp/

❸ 日本通信販売協会 消費者相談室
TEL 03-5651-1122

❹ 警察相談専用電話
TEL #9110

TAKEYA'S TALK

親子間でのお金の貸し借り
～目的と注意点～

お金の貸し借りは原則禁止ですが、高校生からは子どもからその理由をきちんと聴いて親が納得した場合に限って、親が貸主となって、お金を貸しています。貸す目的は、お金を借りて返済することを経験させるためです。そして、返すためには収入を得る必要がありますので、その方法を親子で一緒に考えられるというメリットがあります。

我が家では、長男にお金を貸しました。目的は自作する自転車の材料をインターネットショップから購入するためで、金額は8万円です。返済計画表（返還表）は親が作成し、借入元本額に3％の利息を付けて返済させました。アルバイトの給与日に必ず現金で返済する約束にしました。

返済のために初めてのアルバイトを、インターネットの求人サイトから探しました。夏休みや冬休みを利用することにしたので短期アルバイトのみにしたところ、時期を選《え》り好みしてしまうと選べる求人はかなり少ないということがわかりました。また、子どもは楽で時給がいいアルバイトを探しがちなので、危ないアルバイトを選ばないように目を光らせていました。

給料日となり、借金の返済のお金を渡す長男の顔は沈んだまま。働いて初めてもらったお金が自分のものにはならず、そのまま人の手に行くという経験がかなりきつかったようです。借金があると返済が最優先され、貯金どころか、自由に使うこともできません。この道理を理解させることが一番の目的でした。借金はダメ！と頭ごなしに禁止するだけでなく、借金の内容に納得できるのでしたら、経験を積ませることもおすすめします。

Volume 6

頼れる
お金

この前の模試の結果どうだったー？
C判定だったわ…
キビシー
マナミは？
D…
ヤバイな…
ポコン
LINE
あ、ママからだ！
えっっ!!
どーしたの？
パパが事故にあって、病院に搬送されたらしいの
ママ、今から病院に行ってきます！また連絡するね
…って
大丈夫？どこの病院？状態は？
タタタタタ
シュポッ

返信こない…
既読にもならん…
きっとバタバタしてんだよ
とりあえず家に帰るわ
ズー
気をつけてね
受験勉強どころじゃない
…ってまって
パパにもし何かあったら受験どころじゃないのでは!?
ママのパートだけでやっていけるのか!?
ユータもまだ中学生なのに
私、高校を卒業したら働かなきゃいけなくなるかも!!

ヤバい
ヤバい!!
我が家は
どうなっちゃ
うんだー!!
え?
ピンピン
してるの?
ごめんごめん
心配かけ
ちゃったね
スマホの充電も
切れちゃって…
はりきって
慣れないこと
するから…
ドカーン
グキィ
それは事故と
言うのか…

パパになにかあったらこの家どうなんのかと…
よかった…
でも4週間は入院だって
リハビリもあるから…
え!?
…ってことは会社休むってこと!?
お給料もらえないじゃん!
どーすんの!?
手術代は!?入院代もいるよね!?
大丈夫だから落ち着きなさい…
パパは会社員だからけがや病気で働けなくなっても給料の3分の2の傷病手当金が支給されるのよ
それに健康保険に入ってるから高額な医療費がかかった場合は「高額療養費制度」で一定額以上の支払いは免除されるのよ

も…もし
パパが
死んだ
ら…？
勝手に
殺すな〜っ
おい
その場合は
遺族年金が
もらえるわ
だからそんなに
心配しなくても
大丈夫よ
へ〜けっこう
頼れる制度が
あるんだね…
そうよ
全然
知らなかった…
一カ月後、
パパは、無事に退院
いや〜
迷惑かけたね…
いらっしゃい
本日貸し切り
ご迷惑を
おかけします。
居酒屋
土布
退院
おめでとう
！
さ、
座って
座って！
兄さん
わざわざ
悪いね…

店閉めてまで退院祝いなんてしてくれなくてもいいのに…
いーよいーよ
どうせ給料日前はあんまりお客来ないから
1カ月も大変だっただろ
まあね
けど給料も全額ではないけどもらえたし…あとは保険でなんとかなったよ
さすが会社員はいいな!
おじさんみたいに会社勤めじゃない人はけがや病気で入院とかしたらどうなんの?
おじさんは自分で医療保険にも入っているし入院費はカバーできるかな
もしものときのために生命保険も入ってるよ
残された家族が困らないようにしないとな!

へー、ちゃんとしてんだねー
フフフ まあな
サヤカこれ運んで
へーい
娘もまだ大学生だしな
美大ってすごくお金かかるんでしょ？
まぁなぁ…入学金は教育ローンを借りて授業料は親子折半
サヤカにも奨学金を借りてもらったよ
教育ローン？奨学金とはまた違うの？
奨学金はサヤカが卒業後に返済する義務を負うもので
教育ローンは私たち親が借りて返済するものよ
そうなんだ

● 借りられる教育資金について

	国の教育ローン	国の貸与型奨学金
使用目的	入学までの資金等に	在学中の資金に
入金方法	保護者の口座に一括入金	学生（子）の口座に毎月入金
返済する人	保護者	学生（子）
期間	当面1年分の学費等	在学中
返済時期	原則すぐに開始	卒業後7カ月目から（3月卒業の場合、10月から）

● お助けサイトの紹介

進学のお金が心配なときは、一度見てみるとよいでしょう。

❶ 進学資金シミュレーター（日本学生支援機構）

URL https://www.jasso.go.jp/shogakukin/oyakudachi/document/shogakukin-simulator.html

❷ 大学・地方公共団体等が行う奨学金制度（日本学生支援機構）

URL https://www.jasso.go.jp/shogakukin/dantaiseido/index.html

❸ 経済的に困難な学生・生徒が活用可能な支援策（文部科学省）

URL https://www.mext.go.jp/a_menu/coronavirus/benefit/index.html

授業料を親子で折半してるのか…
サヤカちゃんえらいな
あれ…私も出す方向に…？
全額奨学金だと返済が大変だろうから…
親が出せる分は出して足りない分を奨学金でまかなってもらってるの
なるほど…
ヤベー ヤベー
たとえば授業料が年間100万円だとして
親がやりくりして50万円、私が奨学金で50万円用意する
50万円
50万円
今、大学の奨学金に応募してるんだけど成績も関係するからがんばらないと！
へえ…
大学によっては授業料免除なんて制度もあるから
情報に目を光らせるんだな

お金に困ってもいろんな救済制度があるんだね…
そうだよ
おじさんの友人はお金に困って…
自ら死を選んじまったよ…
あのとき相談してくれたら…と思うとな…
くっ
身近な人にこそ言えない場合もあるよ特にお金のことはさ…
家族にも相談できないときは国や自治体の相談窓口もあるしな…
死んだら終わりだよ
私たちの生活を守る安全網ともいえるセーフティーネットがありますので安心してください

頼れるお金

Theme 1

ピンチのときはSOSを！ 頼れるお金と制度

国の頼れる制度

国の制度には、医療、年金、介護、福祉、そのほか雇用など労働に関して、「セーフティーネット」があります。

けがや病気になったときには、健康保険（会社などの役員やその従業員とその人に扶養されている人が加入）や国民健康保険（健康保険等に加入していない人が加入）があります。病院などにかかると、小学校就学以降69歳までの人は自己負担が3割ですみます。高額の医療費がかかってしまったという場合には、「高額療養費制度」があります。1カ月（1日から末日まで）の医療機関や薬局の窓口で支払う医療費が一定額を超えた場合、超えた額が支給されます。その一定額（上限額）は、年齢や所得に応じて異なります。病気などで働けないときは「傷病手当金」も支給されます（国民健康保険はない）。

失業し次の職を探す期間は、雇用保険から「基本手当」がもらえます。

親を介護しなくてはならなくなったときには親本人の介護保険を利用して訪問介護やデイサービスの利用、介護用品の貸し出しなど必要なサービスを受けることができます。介護のために離職をしなくてすむよう地域包括支援センターに相談をしましょう。

老後や障害を負ったとき、また家族の働き手が亡くなったときに定期的にお金が支給される「年金」には国民年金と厚生年金保険があります。65歳を迎えると老齢年金が支給されます。毎年届く「ねんきん定期便」で納付状況に間違いがないかなど確認をします。障害を負ってしまったり、家族が亡くなってしまったりしたときは、近くの年金事務所などに相談に行きましょう。

体調や精神の不調などで働けず、どうしようもなくなったときには住まいのある自治体の福祉事務所に相談してください。福祉には、「生活保護制度」があります。困った状況に関連しそうな窓口で助けを求めましょう。

もしものときの国の制度

病気やけがをしたとき

医療保険

主な医療保険制度

〔74歳まで〕
国民健康保険
協会けんぽ
健康保険組合
共済組合

〔75歳以降〕
後期高齢者医療制度

障害を負った、歳を取った、家族の働き手が亡くなったときなど

年金保険

年金制度	給付
厚生年金保険	老齢年金
国民年金	遺族年金
	障害年金

介護が必要なとき

介護保険

〔40～64歳まで〕
末期がん、関節リウマチ等の加齢に起因する疾病（特定疾病）が原因で要介護、要支援状態の場合に受給できる。

〔65歳以降〕
要介護状態、または要支援状態と認定されると受給できる。

生活に困窮したとき

福祉

生活保護制度
生活困窮者自立支援制度
など

失業して仕事を探しているとき

雇用保険

主な給付金

基本手当（失業）
教育訓練給付金
など

仕事中に病気やけがをしたり、働き手が亡くなったりしたとき

労災保険
（労働者災害補償保険）

主な給付金

遺族（補償）給付
療養（補償）給付
など

備えあれば憂いなし「民間の保険」

保険には「生命保険」と「損害保険」があります。保険は経済的な損害が起きたときに大きな助けになります。国の制度とは違い、任意に加入しリスクに備えます。保険は民間保険会社の商品のほか、共済や少額短期保険などがあります。

生命保険には命に関わるピンチのときに、お金が支払われる保険があります。例えば、家族の中で家計の収入の一部を担っている人が亡くなった場合、遺された家族は収入が減ってしまいます。今後の生活はもとより子どもがいれば教育資金も用意できなくなる可能性があります。この場合、「死亡保険」に加入していればまとまったお金を受け取ることができます。また、亡くならなくてももらえる保険があります。就業不能で経済的にピンチになったときに、給与の代わりに保険金が支払われる「就業不能保障保険」があります。

病気などで入院した場合、それまでの生活サイクルは維持できません。医療費以外に家事代行など家族のためのサポートにもお金がかかります。長期入院ともなれば生活設計の建て直しを考えなければなりません。このような場合には「医療保険」「がん保険」で備えることができます。

台風などの自然災害や突然の事故などによる損害に備えるのは損害保険です。所定の金額が支払われる生命保険と違い損害の状況などによって支払われる金額が変わります。例えば、他人の物を壊してしまったり、自転車を運転中に歩行者と接触しけがを負わせてしまったりすると損害賠償を求められることも。この場合は、「個人賠償責任保険」で備えることができます。また、近年の異常気象や地震などによる災害の増加で家屋などへの被災の不安も拭えません。賃貸の場合は、火災に備え火災保険に加入することがほとんどです。持ち家でも火災保険に地震保険もセットで加入し、もしものときに備えておきたいものです。火災保険に、家財の盗難補償をつけていれば盗難も対象となるため自転車などが盗まれたら被害を届け出て保険会社に連絡をしましょう（場合によっては補償の対象にならないこともあります）。

保険はその保障（または補償）内容を確認しておかないと、保険がおりると思っていたら対象外だったり、保険金の請求をすることに気づけなかったりします。せっかく保険料を支払っているので年に一度、契約内容のお知らせを必ず読むようにしてください。

● 必要な民間の生命保険はどれ？

未成年の子がいる → YES

❶ 定期保険（死亡保障） ❷ 学資保険 ❸ 就業不能保障保険 ❹ がん保険 ❺ 医療保険 ❻ 個人年金保険

高校3年生までの子どもがいる場合、親への経済的依存が高く死亡した場合の経済的損失が大きいため、①と②が最優先。親の就業不能に備えて毎月の収入が得られるように④⑤よりも③の優先度を上げています。親の老後資金の準備として余裕があれば⑥を活用します。

↓ NO

子どもが経済的に自立している → YES

❶ がん保険 ❷ 医療保険 ❸ 個人年金保険

子どもが経済的に独立し、夫婦または親ひとりの場合のため、死亡保障は不要。長期入院に不安があれば①②の加入が安心ですが、予備資金があれば加入は不要。親の老後資金のために③を活用するのも策。

↓ NO

❶ 定期保険（死亡保障） ❷ 就業不能保障保険 ❸ がん保険 ❹ 医療保険 ❺ 個人年金保険 ❻ 介護保障保険

子どもが成人を迎えていて経済的に自立をしていなければ、親なきあとの生活資金を残す必要があるため①が必要、次いで②で収入が途絶えないように備えます。親の長期入院などへの備えも必要なため、③④でカバー。お金に余裕があれば、親の老後資金の準備に⑤を、介護対策のために⑥があると、資金的に安心。

※振り番号の全ての保障に入る必要はなく優先順位です。その優先順位は検討時に加入すべきものでなく、そのときに加入していると安心であると考えられる保険で、あくまでも監修者の所見です。

● 紹介した保険の説明

	定期保険	一定の保険期間内に死亡すると死亡保険金が支払われる。
	就業不能保障保険	保険会社が定める所定の就業不能状態が所定の期間続いた場合、年金などの給付金が支払われる。
	終身保険	一生涯死亡保障が続く。解約返戻金がある。
	学資保険	親が契約者、子が被保険者となり、所定の子の年齢時に満期保険金や祝金が支払われる。
	個人年金保険	払い込んだ保険料から将来の年金のために資金を積み立て、それを原資として年金が支払われる。
	介護保障保険	所定の要介護状態になると保険金が支払われる。
	医療保険	病気やけがで入院、または手術などの治療を受けた場合に給付金が支払われる。
	がん保険	がんで入院、または手術を受けた場合に給付金が支払われる。がんと診断された場合に支払われる給付金がある。一般的に契約してから待ち期間（がんと診断されても対象外）がある。
損害保険	火災保険	火災、落雷、水災など住宅・家財に関わるリスクが補償される。
	地震保険	地震、噴火、津波による建物や家財への損害が補償される。火災保険とセットで契約できる。
	個人賠償責任保険	他人のものを壊したり、けがを負わせてしまったりしたとき、法律上の損害賠償責任を負担する場合に補償される。火災保険、傷害保険、自動車保険などの特約として付帯ができる。
	自動車保険など	自賠責保険とは別に任意で契約でき、自賠責保険の補償を超えた部分や補償されない損害に対して補償される。

頼れるお金

Theme 2

教育資金が足りないとき
奨学金と教育ローン

4つの奨学金

教育資金は人生でかかるお金の中でも大きな負担となるお金です。かかる費用を家計以外から工面する方法もあります。それが、「奨学金」と「教育ローン」です。

奨学金は大きく分けると「国の制度」「地方公共団体など」「民間の奨学金事業実施団体」「大学など独自の制度」の4つ。奨学金を借りるのは子ども本人です。

国の制度は、「日本学生支援機構」が実施する奨学金。大学や専門学校などへ進学する場合の「給付」「貸与」の奨学金です。「給付」は学費等の減免と奨学金を受給できます。給付型奨学金は原則返す必要はありません。「貸与」は返済する奨学金で、「第一種奨学金（無利子）」と「第二種奨学金（有利子）」があります。有利子の金利は一般的なローンと比べると低いです。在学中の返済はなく、卒業後に返済が始まります。どちらも要件があるので、最新の内容をホームページで確認しましょう。

地方公共団体などの奨学金は、住まいの自治体などで実施しています。民間の奨学金事業実施団体は、知名度のある企業などが行っており、その数は意外にも多くあります。家計基準がない奨学金もあります。申込時期が団体ごとに異なるので締め切り後に悔やまないように早めに情報をキャッチしておきましょう。

大学など独自の制度は、各大学などのホームページで確認することができます。また、授業料などが免除になる「特待生」という制度も大学や専門学校ならではの制度です。これだけの情報を子どもだけで収集するのは大変です。親が率先して情報収集をしてください。最近は貸与型奨学金の返済の肩代わりをしてくれる「奨学金支援制度」を利用し、人材を確保したい企業や地方公共団体などが増えています。このような傾向も子どもと話しておきましょう。

いろいろな奨学金

	日本学生支援機構	地方公共団体	民間団体など	大学などの学校独自
給付	○	○	○	○
授業料等の減免	○	×	×	○
貸与	○	○	○	○
特待生	×	×	×	○

※各団体や自治体の奨学金は他と併用できないことがあるので、必ず要件をご確認ください。

日本学生支援機構の奨学金

採用の種類	貸与・給付	申請時期	窓口
予約採用	貸与・給付	高校3年生春ごろ	在学する高校
在学採用	貸与・給付	進学後の毎春及び秋	進学先の大学等
緊急・応急採用	貸与	生計維持者の失業、破産、事故、病気、死亡等又は震災、火災、風水害等の災害等により家計が急変し、緊急に奨学金の必要が生じた場合。 家計急変の事由が発生してから12カ月以内に申し込む。	進学先の大学等
家計急変採用	給付	予期できない事由により家計が急変したとき。 原則、急変事由発生日から3カ月以内に申し込む。	進学先の大学等

日本学生支援機構の奨学金の金額

		給付型奨学金	貸与型奨学金	
			第一種奨学金（大学）	第二種奨学金（大学）
返済		返済不要	無利子（金利が付かない）で返済	有利子（在学中は無利子）で返済
国公立	自宅通学	29,200円	上限45,000円	20,000円～120,000円（10,000円刻み） ※私立大学の医学・歯学の課程の場合、120,000円に40,000円の増額が可能。 ※私立大学の薬学・獣医学の課程の場合、120,000円に20,000円の増額が可能。
国公立	自宅外通学	66,700円	上限51,000円	
私立	自宅通学	38,300円	上限54,000円	
私立	自宅外通学	75,800円	上限64,000円	

＊給付型奨学金の金額は住民税非課税世帯〈第1区分〉の場合。給付型奨学金については改正が予定されています。HPなどにて要件の確認をお願いします。

出典：日本学生支援機構HP

国と民間の教育ローン

教育ローンは親が申し込み、返済をします。お金は一括で受け取ることができますが、返済はすぐに始まります。教育ローンは、「国」「民間の銀行など」「信販会社」が貸し付けします。

「国の教育ローン（教育一般貸付）」は、日本政策金融公庫が行うものです。原則、子ども１人につき３５０万円（自宅外通学など一定の要件では４５０万円）まで借りられます。使い道は入学金や授業料等の学校納付金、通学のための定期代など幅広く認められています。金利は返済まで一定の「固定金利」です。返済の負担を一時的に軽くする「元金据置」を利用すれば、在学期間中は利息のみの返済が可能です。気をつけたいのは申込完了から振込までに20日前後かかることです。受験月の２～３カ月前に申し込み、合否発表までに審査まで済ませておけば納付金の期日に間に合わないという事態は避けられます。国の教育ローンを申請する場合は保証人が必要ですが、もし見つからなければ教育資金融資保証基金の保証を利用しましょう。その場合は保証料がかかります。この他、主に低所得世帯に貸し付けされる社会福祉協議会の「生活福祉資金貸付制度」があります。

民間の金融機関の教育ローンは、一括貸付やカードローンタイプでＡＴＭからその都度貸し付けるものなどがあります。まずは、メインバンクの教育ローンを調べておくと安心です。

信販会社の教育ローンは、国の教育ローンや民間の銀行などと比べると金利が高めではありますが、早い融資が可能という側面もあります。

高校卒業後の進学にかかるお金は、「入学前」のまとまったお金と、「入学後」の学費や交通費などのお金に分けられます。奨学金は入学前には間に合わないため、各種「教育ローン」を利用することになります。

最近、奨学金返済に苦労する若者の話がニュースで取り上げられ、不安に思っている人もいるかもしれません。親が出せるだけは出し、残りを奨学金で借りて、子どもの負担を減らすことも可能です。例えば、学費で年間１６０万円が必要な場合、家計から半分の80万円、残りを奨学金（貸与）で借ります。年間80万円なら、貸与月額は約７万円です。さらに子どもがアルバイトすることで進学が可能になるかもしれません。進学にかかるお金は高額となるため、誰がどの時期に、どの制度を利用するのか、遅くても高校３年生になるまでに親子で話しておきましょう。

●「国の教育ローン」日本政策金融公庫

融資限度額

- 子ども1人につき350万円以内
- 下記の場合は1人につき上限450万円まで借り入れが可能

自宅外通学／修業年限5年以上の大学（昼間部）／大学院／海外留学（修業年限3カ月以上の外国教育施設に留学する場合）

利用条件

- 子どもの人数に応じて、幅広い世帯年収の方に対応

例：子ども1人の場合：世帯年収の上限額は790万円（扶養している子の人数により異なる）

- 日本学生支援機構の奨学金との併用可能
- 志望校が決まったら早めに申し込みを！途中キャンセルOK（手数料なし）

使い道

- 学校納付金（入学金、授業料、施設設備費など）
- 受験費用（受験料、受験時の交通費・宿泊費など）
- 在学のため必要となる住居費用（アパート・マンションの敷金・家賃など）
- 教科書代、教材費、パソコン購入費、通学費用、修学旅行費用、子の国民年金保険料など
- 融資金にかかる保証料

出典：日本政策金融公庫HP

TAKEYA'S TALK

教育資金の準備

教育資金を数年で準備することは難しいため、子どもが小さいうちから準備をしておくのが理想です。

❶ 児童手当を利用する方法

国の児童手当制度は、中学卒業まで（15歳誕生日後の最初の３月31日まで）の子の親に支給されます。３歳未満は月額15,000円、３歳以上〜小学校修了前は10,000円（第３子以降は15,000円）、中学生10,000円です。第１子分を全て貯金すると、総額約200万円になります。

❷ 学資保険を利用する方法

満期を迎えると、学資を受け取ることができます。契約者（親）の万が一の場合は、以後の保険料の払い込みが免除されます。低利回りのため貯蓄としての魅力は小さいですが、保険としての機能があります。

❸ 逆算して足りない分を積み立てする方法

18歳までに500万円を準備したい場合、児童手当200万円と学資保険100万円で300万円が準備できますので、残りの200万円を積み立てを始める時点から18歳までの月数で割って逆算してみましょう。もし、積み立てが思うようにできなかった場合、進学後も積み立てを継続します。準備の方法は❶、❷のどちらか１つに偏らないようにしましょう。例えば、「児童手当200万円＋学資保険100万円＋積み立て200万円＝合計500万円」のように分散しておくと、取り崩したいときに、どれかから引き出すことができます。それでも難しい場合は、足りない部分は奨学金を利用することも考えましょう。

結婚・子育て

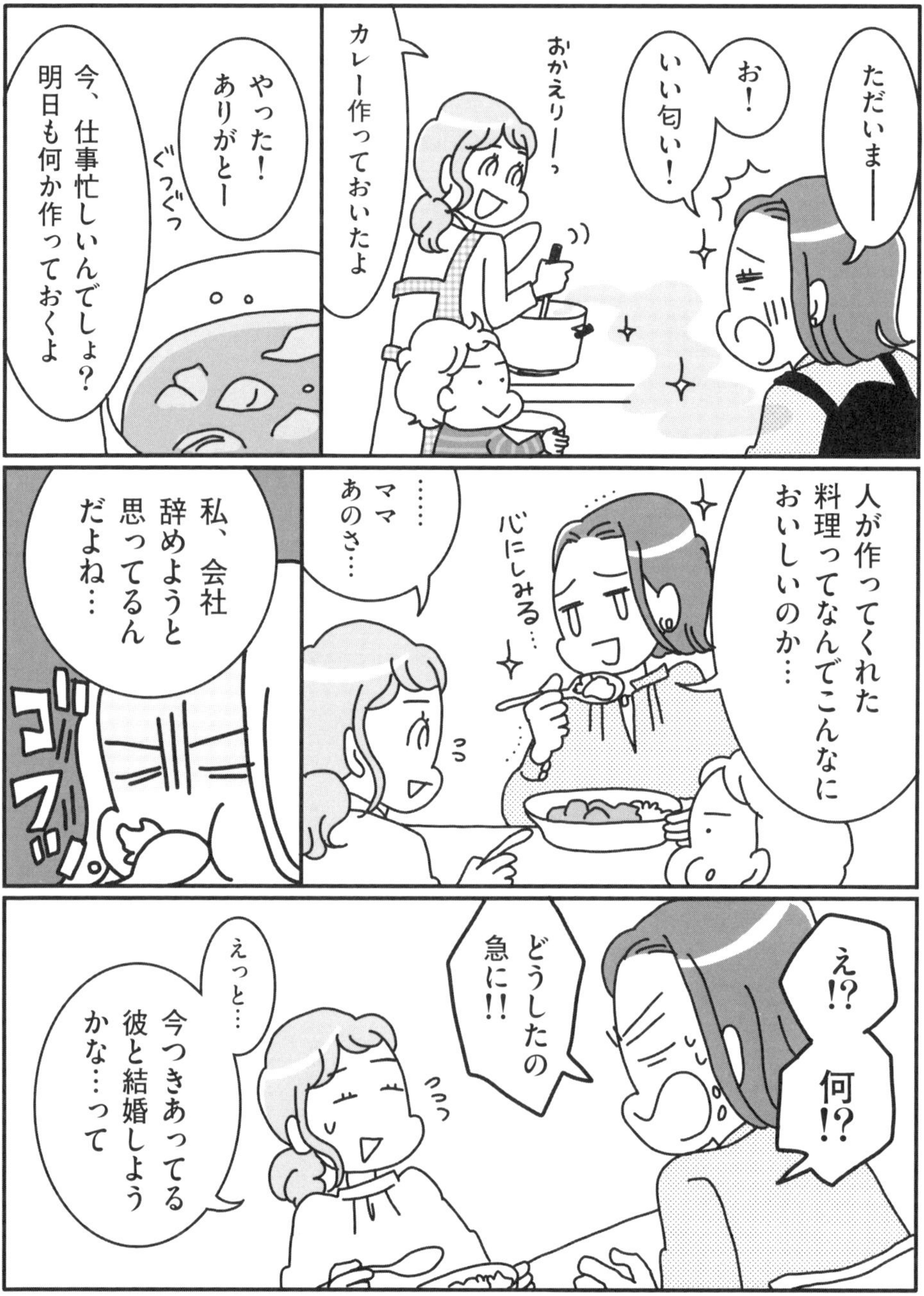
ただいまーー
お！いい匂い！
おかえりーっ
カレー作っておいたよ
やった！ありがとー
ぐつぐつ
今、仕事忙しいんでしょ？明日も何か作っておくよ
人が作ってくれた料理ってなんでこんなにおいしいのか…
心にしみる…
……ママ あのさ…
私、会社辞めようと思ってるんだよね…
ゴフッ
え!? 何!?
どうしたの急に!!
えっと…
今つきあってる彼と結婚しようかな…って

ちょっとまって…
どうして結婚するからって仕事辞めることになるわけ…？
NO…
専業主婦になろうかなって…
家事やるのもキライじゃないし…
彼氏…は…今会社員だっけ？
そう取引先の社員
大手だからお給料もそこそこいいし…
私は仕事を続けてても辞めてもどっちでもいいよって…
ママ、首もげるよ
え…反対？
いや…結婚は少し早いなとは思うけど全然反対はしないよ…

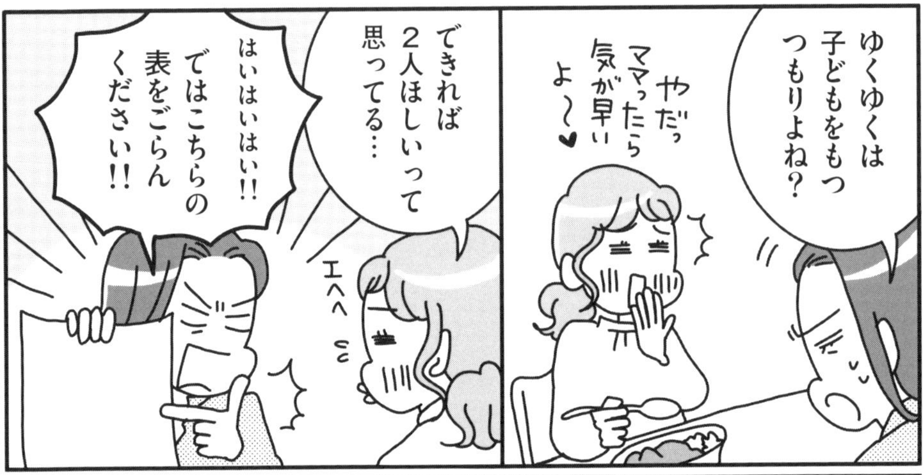

● 幼稚園3歳から高等学校第3学年までの15年間の学習費総額（目安）

区分	学習費総額 幼稚園	小学校	中学校	高等学校（全日制）
公立	472,746円	2,112,022円	1,616,317円	1,543,116円
私立	924,636円	9,999,660円	4,303,805円	3,156,401円

区分	合計
すべて公立	5,744,201円 公公公公
幼稚園だけ私立	6,196,091円 私公公公
高等学校だけ私立	7,357,486円 公公公私
幼稚園及び高等学校が私立	7,809,376円 私公公私
小学校だけ公立	10,496,864円 私公私私
すべて私立	18,384,502円 私私私私

出典：令和3年度子供の学習費調査/文部科学省

● 高校卒業後の進路と教育費（目安）

区分	授業料	入学金	施設設備費等	卒業までの合計額
公立大	536,191円	374,371円	—	2,519,135円
私立大 文科系学部	815,069円	225,651円	148,272円	4,079,015円
私立大 理科系学部	1,136,074円	251,029円	179,159円	5,511,961円
私立大 医歯系学部	2,882,894円	1,076,278円	931,367円	23,961,844円
専門学校 （昼）	736,000円	178,000円	372,000円	2,394,000円

※公立大は「2023年度学生納付金調査結果/文部科学省」より昼間部平均（入学金は「地域外」）
※私立大学は「令和3年度 私立大学入学者に係る初年度学生納付金平均額（定員１人当たり）の調査結果について/文部科学省」より［昼間部］
※専門学校は「令和５年度学生・生徒納付金調査/専門課程 公益社団法人東京都専修学校各種学校協会」より
※医歯系学部は６年間、それ以外の大学は４年間、専門学校は2年間で試算

オール私立で医学部なんて行っちゃったら四千万円オーバー!?うそでしょ!?
どこの貴族の話!?
しかもこれ教育費だけだからね
食費や衣服なんかの生活費は別だから!
男性の平均年収は580万円。子ども以外にももちろん自分たちの家賃や光熱費、食費など必要になってくるわけで…男性一馬力じゃなかなか大変よ?
実家が太ければ別だけど…
彼氏の実家油田持ってたりする?
持ってません…
ごく一般的な家庭と聞いております…
だいたい石油王だったとしても万が一、ママみたいに離婚したらどうするの?ある程度財産分与があったとしても、専業主婦には退職金も失業手当もありませんからね!

ママも当時は苦労したわ…
離婚後資格取って起業しなんとかやってこれました。
感謝してます
あなたたちのお父さんは男性には珍しく、きちんと養育費払ってくれたからねそれは助かったわ
フッ
え!?
養育費を払わない親とかいるの!?
自分の子どもなのに!?
半分くらいのシングルマザーは養育費もらってないらしいわよ
なにそれ!!
でも私は離婚しないから大丈夫♥
誰だって離婚するつもりで結婚しないっつーの
そっか…じゃあやっぱり仕事は続けた方がいいのかな
でも頑張って大学出て就職したのに男性よりお給料は安いし結婚して子どもができたら産休、育休、時短で職場では肩身は狭いしキャリアも中断されちゃうし…

家庭じゃ家事や育児を担うのは主に女性だし…
ヘルジャパンすぎませんか!?
職場の先パイ見てても仕事続けるの大変そうで…
子どもが熱出して
お迎えに!!
ママの時代より男性の育児参加も増えたとはいえ…ね
育休取得率もまだまだだしね…
でも仕事は続けるべき!この先の人生何が起こるかわからないんだから!
お金とママだけはあなたを裏切らないから!
稼ぐことを簡単に手放しちゃダメ!!
そうだ、ママが離婚を決心したとき、この先の人生をどう生きたいのか書き出してみたのよ
あなたもやってみない?
Life Plan
自分の理想の人生プランに、いくらお金が必要かもざっくり見えてくるから!

これ、ママが以前書いたヤツ
案外その通りになってると思わない？
ちゃんと目標を立てると頑張れるものよ
へーーー
見せて見せて
…私も書いてみようかな…
24歳で結婚するとして結婚資金と新しい生活の準備費用が…
ダメだ!! 私と彼の貯金じゃ厳しい!!
25歳なら現実的か…
ブツ
ブツ
…となると子どもは…
なるほどこうやって書き出すと働くことやお金の大切さがよく見えてくるね…
…ってママも新たに書いてるの？
フフフ…いつかパリに移住したいのよね～
夢はパリジェンヌなの♥
夢でか!!

結婚・子育て

Theme 1

どんなことにいくらかかる？
人生にかかるお金

ライフプランを親子で考える

生きるためにはお金が必要です。総務省の家計調査（２０２２年／年次）によるとおひとりさまの場合（22歳～90歳）約1億３３００万円。夫婦2人＋子どもありの場合、約2億３０００万円（30歳～90歳、60歳から夫婦のみ世帯として計算）かかります。実際どのくらいのお金がかかるのか知るには、ライフプランづくりが有効です。いつごろ、どんなことをやりたいのか、どんなことが起きそうか考えたり、どのくらい費用がかかりそうか予想してみたりすることで、「じゃあ今どうすればいいか」を考えるきっかけにもなります。

例えば、子どもが中学3年生の場合、10年、15年、30年後はどうしているか考えさせてみます。高校、大学へ進学し、会社員になっている？　それとも、海外へ飛び出しているでしょうか。また結婚、出産、子育てをしてみたければ、自分以外のことに時間やお金がかかるようになることも意識させます。

１５５ページの表を使って子どもに、「現在」「進学」「就職」「結婚」「家族」「出産」「マイホーム」「仕事」というようなテーマで、何歳のころに何をしたいのか、そのときになっていたい自分はどんな人か、さらに、住む場所や誰といるのかなど、具体的に、丁寧に、時間をかけて思い描かせてみましょう。そして、その希望を叶えるために「いつ何をしたらいいのか（どんな努力や学び・準備が必要か）」「それにかかるお金と年数はどのくらいか」について、一緒に話してみてください。一方、親がライフプランを作成する場合、お金の出入りも書き込む「キャッシュフロー表」に希望するライフイベントやそのための予算を記入してはいかがでしょうか。大体の収入や支出なども書き込みます。

大人用の表は１５６ページにあります。空欄があっても構いません。親子で作成してみましょう。

【記入例】を参考に子どもにライフプランを作成させてみましょう。

子どもが作るライフプランニングシート【記入例】

夢と目標

わたしは将来、有名なパティシエになるのが夢です。
そのためには、専門の製菓学校で学ぶ必要があります。
いつか、外国の有名なお店で修業をして、
日本に帰ってきてから、自分のお店を持ちたいです。

年齢		どこで	どう暮らす	勉強・趣味・自分磨き	かかるお金
現在	10歳	東京の自宅	・家族と暮らす ・地元の小学校に通う	・塾に通う ・クッキーなど作って家族や友達に試食してもらう	30万円×3年間（塾代）
中学生	13歳	東京の自宅	・家族と暮らす ・地元の中学校に通う	・塾に通う ・料理クラブに入る ・好きなお菓子の本を買って研究する	40万円×3年間（塾代） 1万円×3年間（本や材料費）
高校生	16歳	東京の自宅	・家族と暮らす ・私立高校に通う	・家政科のある高校へ進学 ・調理師免許取得を目指す	320万円（教育費）
専門・短大・大学	18歳	東京の自宅	・家族と暮らす ・製菓学校へ通う	・オリジナルレシピを研究する ・コンテストに応募する	250万円（学費） 10万円（研究費）
めざす職業	20歳	地方の社員寮	・一人暮らし ・ホテルでパティシエとして働く	・オンラインで語学を勉強する ・留学の情報収集をする	毎月貯金5万円を積み立て

ライフデザインのための選択肢

高校卒業後の進路	大学へ進学する。専門学校へ進学する。就職する。
働き方	会社員、公務員として勤める。自分で事業を起こす（個人事業や会社設立）。家業を継ぐ。
仕事の分野	農林水産業、鉱業、建設業、製造業、情報通信業、運輸業、卸売り・小売り、金融・保険業、不動産業、飲食店・宿泊業、医療・福祉、教育・学習支援業、サービス業、公務員など
どんな暮らし	家族と暮らす、一人暮らし。結婚しない、する。子どもは欲しい？　持つなら何人？
やりたい、行きたい	資格を取る、どんな資格？　車は買う？　どんな車？　海外に行く、どこに行きたい？

家族ごとの
ライフイベントや収入・支出を
書き出してください。

● 大人が作るライフプランニングシート【記入例】

単位・万円

年	2024	2025	2026	2027	2028	2029	2030	2038	2039	2040	2041	2042	2043	2044	2045	2046	2047
経過年数	現在	1年後	2年後	3年後	4年後	5年後	6年後	14年後	15年後	16年後	17年後	18年後	19年後	20年後	21年後	22年後	23年後
夫の年齢	51	52	53	54	55	56	57	65	66	67	68	69	70	71	72	73	74
妻の年齢	48	49	50	51	52	53	54	62	63	64	65	66	67	68	69	70	71
長女の年齢	20	21	22	23	24	25	26	34	35	36	37	38	39	40	41	42	43
長男の年齢	16	17	18	19	20	21	22	30	31	32	33	34	35	36	37	38	39
ライフイベント			長女就職 長男成人・大学入学		家電買い替え		長男就職	夫定年退職・年金受給開始	家電買い替え		妻定年退職・年金受給開始	退職記念旅行				家のリフォーム工事	
夫の収入	350	350	350	350	350	350	350	150	150	150	150	150	150	150	150	150	150
妻の収入	350	350	350	350	350	350	350	250	250	250	150	150	150	150	150	150	150
一時的な収入								1000			1000						
収入合計（A）	700	700	700	700	700	700	700	1400	400	400	1300	300	300	300	300	300	300
基本生活費	300	300	280	280	280	280	260	260	260	260	260	260	260	260	260	260	260
住居関連費	170	170	170	170	170	170	170	170	170	170	170	170	170	20	20	20	20
子ども関連費	260	260	200	160	160	160											
民間保険料	25	25	25	25	25	25	25	25	25	25	25	25	25	25	25	25	25
一時的な支出					100				100			200				800	
支出合計（B）	755	755	675	635	735	635	455	455	555	455	455	655	455	305	305	1105	305
年間収支（A－B）	-55	-55	25	65	-35	65	245	945	-155	-55	845	-355	-155	-5	-5	-805	-5
貯蓄残高	800	745	770	835	800	865	1110	3370	3215	3160	4005	3650	3495	3490	3485	2680	2675

※本来、キャッシュフロー表を作成するときは物価上昇や運用利回りを考慮した金額を記入しますが、ここでは記入しやすいように変動率をゼロとしています。

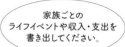

夢を叶えるライフデザイン（子ども用）

夢と目標

年齢	どこで	どう暮らす	勉強・趣味・自分磨き	かかるお金
現在				
中学生				
高校生				
専門・短大・大学				
めざす職業				

単位・万円

	14年後	15年後	16年後	17年後	18年後	19年後	20年後	21年後	22年後	23年後	24年後	25年後	26年後	27年後	28年後	29年

● 夢を叶えるライフデザイン（大人用）

年														
経過年数	現在	1年後	2年後	3年後	4年後	5年後	6年後	7年後	8年後	9年後	10年後	11年後	12年後	13年後
の年齢														
の年齢														
の年齢														
の年齢														
の年齢														
ライフイベント														
の収入														
の収入														
一時的な収入														
収入合計（A）														
基本生活費														
住居関連費														
子ども関連費														
民間保険料														
一時的な支出														
支出合計（B）														
年間収支（A - B）														
貯蓄残高														

結婚・子育て

Theme 2

貧困に陥らないための 離婚後のリスクヘッジ

離婚とお金

ライフプランを作るときにわざわざ離婚することを想定する人はいないでしょう。しかし結婚した3組のうち１組が離婚している時代。離婚の原因や理由はそれぞれですが、夫婦に子どもがいて、離婚後、母子家庭になった途端に経済的に厳しい状況に陥る可能性があります。離婚後、妻である女性が親権を持つことが多く、そうなると、どうしても、離婚後の家計は一気にひっ迫します。左ページの、離婚した母子世帯の母の年間就労収入の平均額は２４０万円です。一方で共働き世帯（子ども２人）の年収は約８５４万円で約３・５倍です。

また、母子家庭の母全てが正社員とは限らず、「パート・アルバイト等」の場合の平均年間収入は１５０万円。経済状況は綱渡り状態だと想像でき、多くのシングルマザーは貧困に苦しむことになります。さらに離婚後の父親からの養育費の受給状況は、「受けたことがない」が約6割にのぼります。しかも養育費の１世帯平均月額は５０４８５円とそれほど多くありません。仮に、養育費がもらえたとしても、パート勤務で月手取り10万円（年収１５０万円）と養育費5万円で合計15万円。この額は母子が生活するには十分な金額ではありません。

そもそも相手がどんな人であろうと、経済的自立の目途が立つまでなかなか離婚に踏み出せません。大丈夫だと思っても、結婚や出産を経ても仕事を続けられる方法を模索しておいた方が良いでしょう。子どもが小さいうちの離婚は採用先も子どものことが気になるでしょう。保育園等を離婚後に探してもすぐに見つかるとは限りません。左ページに、離婚時に考えておきたい事項をまとめました。離婚をするならリスクヘッジが大切。親子で心構えだけは共有しましょう。

●離婚後はどうなる？母子世帯の経済状況とは

世帯別の年収	▶ 母子世帯の母の平均年間就労収入→240万円 ▶ 共働き世帯（子ども２人）の年収→約854万円
母子の地位別 平均年間就労収入	▶ 正規の職員・従業員…344万円 ▶ パート・アルバイト等…150万円
母子世帯の母の 養育費の受給状況	▶ 養育費を受けている…28.1％ ▶ 養育費を受けたことがある…14.2％ ▶ 養育費を受けたことがない…56.9％
母子世帯の養育費 （1世帯平均金額）*	50,485円

＊養育費を現在も受けている、または受けたことがある世帯の状況
※母子世帯についての出所：「厚生労働省/令和3年度全国ひとり親世帯等調査結果報告」を一部加工
共働き世帯についての出所：総務省「家計調査家計収支編（二人以上の世帯/年次2022年）」

●離婚時に考えておきたいこと

離婚時に必要なことはインターネットでも調べられますし、弁護士に相談することも可能です。

経済的準備

- ▶ 資産分割の準備
- ▶ 就業（正社員）と収入の準備
- ▶ 1カ月の生活費の最低でも6カ月分と緊急費用100万円（入院や治療費）の準備
- ▶ 住まい（敷金や保証人の準備）
- ▶ 子どもの保育先、病児の預け先
- ▶ 母親の緊急時の連絡先

氏名・住所などの手続き

- ▶ 住民票などの変更手続き
- ▶ 社会保険関係の手続き
- ▶ 児童扶養手当、児童手当、就学援助など子どもに関わる手続き
- ▶ 生命保険の受取人などの変更手続き

将来のための準備

- ▶ 配偶者の既得権がなくなること（相続に関する配偶者の権利等）などを理解する
- ▶ 年金の分割の手続き

結婚・子育て

Theme 3

現実は結構厳しい
学歴・男女間での賃金格差

自分に付加価値を付けて差を埋める

学歴と賃金格差については、人それぞれの考え方があると思います。しかし、左ページの「正社員・正職員」の大卒と高卒の年収平均と生涯賃金をみればその格差は一目瞭然。女性の正社員の場合、学歴で年収平均は約１１４万円、生涯賃金になると５９６０万円もの差があります。いい大学に入れば、いい企業に就職できてその人生は順風満帆！というわけではありませんが、この数字は現実であることも受け入れなければなりません。

加えて、未だ大卒を応募の条件にする職業も少なくなく、大卒の方が就きたい職業や志望する企業への就職の選択肢はぐっと広がります。さらに、国家資格の受験資格では、修士の学歴が必要な場合もあります。子どもが高校卒業後の進路に迷っていたら、大卒の利点についても伝えてあげましょう。

また、残念ながら男女の賃金格差も見過ごすことはできません。大卒の男女の年収平均格差は１８０万円、生涯賃金では５５３６万円もの格差があります。

賃金は生活するためのほかに、貯金など資産を築くための礎《いしずえ》であり、公的年金の受給額にも影響します。今の日本では、賃金が年金に反映され、賃金が少ないと資産も、年金も増えません。この差を埋めるにはどうすればいいのでしょうか。その手段として、自分に付加価値を付けることや賃金の高い分野へ移ることなどが考えられます。今流行のリスキングも有効です。１６２ページでも触れますが、転職やキャリアアップを目指すのに、国の制度の利用が可能です。

女性は結婚、出産、子育てを迎えるとキャリアを中断することがあります。現在は育休などの制度はひと昔前に比べると整備されていると私は感じていますので、使わないのは本当にもったいないです。その制度や権利を利用して、キャリアを捨てずに続けてほしいと願います。

● 正社員・正職員

学歴計＝全学歴の平均

男性	年収平均	学歴計	約580万円
男性	年収平均	大卒	約659万円
男性	年収平均	高卒	約505万円
男性	生涯賃金	大卒（22歳から65歳未満）	約2億8,238万円
男性	生涯賃金	高卒（18歳から65歳未満）	約2億2,720万円
女性	年収平均	学歴計	約432万円
女性	年収平均	大卒	約479万円
女性	年収平均	高卒	約365万円
女性	生涯賃金	大卒（22歳から65歳未満）	約2億2,702万円
女性	生涯賃金	高卒（18歳から65歳未満）	約1億6,742万円

※平均額（平均年齢35.9歳）＝給与×12カ月＋年間賞与

● 正社員・正職員以外

女性	年収平均	学歴計	約266万円
女性	年収平均	大卒	約318万円　平均額（平均年齢42.6歳）＝給与×12ヵ月＋年間賞与
女性	生涯賃金	大卒（22歳から65歳未満）	約1億3,782万円

出典：「厚生労働省/令和4年賃金構造基本統計調査（雇用形態別/雇用形態、年齢階級別きまって支給する現金給与額、所定内給与額及び年間賞与その他特別給与額）」

女性の働き方別賃金

左ページに、女性の働き方別の生涯賃金の「4つのパターン」を紹介しています。大卒で就職し、65歳まで「正社員」で働いたときと、35歳で退職し、それぞれ「非正規職」「パートタイム」「専業主婦」となり、65歳を迎えたときの生涯賃金です。定年まで正社員でいた場合と専業主婦の場合は、1億7000万円以上もの差があります。特に女性は、一度退職をすると、ブランクが空きがち。派遣やパートの仕事を変えてばかりいると正社員への道は遠のいていきます。仕事を辞める場合はその理由とそれがどれだけの影響をもたらすのかをきちんと考えてからにしましょう。

私は正社員で就職したものの、長男出産時（この時点ではパート勤務）に産休を取得できず退職せざるを得ませんでした。あとで正社員を辞めたことを後悔しました。産休も育休の取得もままならない不安定な地位をどうにか脱したいとも考えていました。そこで、「教育訓練給付制度」を利用し、FPと簿記資格を取得しました。「教育訓練給付制度」は雇用保険に加入している人、またはしていた人が利用できる制度です。

そして現在は専門的な仕事ができるようになりましたが、この仕事が自分にとって得意なことだと実感できたのはここ15年くらいのこと。それまでは、何を売りに生業にしたらいいのかずっと模索してきました。

左ページの図表は、教育訓練給付制度の講座から抜粋したものです。このほかにも、その仕事をする上で必要な資格も複数あります。転職や新しい分野へ挑戦したいときは、最初から得意な仕事を見つけようとはせず、興味のあるものを選んで経験したらいいと思います。その過程で、効率的に稼げる仕事に出会えるでしょう。

子どもが小さいうちの就業は大変なことも多いですが、私は社会で自分が貢献できる場所があることが喜びでしたし、二人の子は社会に育ててもらい感謝しています。子どもが人生や社会のこと、仕事のことなどを話せる年齢になったときに、自分の仕事について胸を張って話せ、仕事を続けてきて本当に良かったと感じています。

私の経験では、子育て期間は体力も気力もあるので、大変な期間もどうにか踏ん張ってほしいです。反対に、親の介護をする時期には自分もある程度の年齢になり、しかも、仕事では責任がある地位になっているので穴をあけられなくなり、それはそれで大変です。子どもが子どもでいる時間は思っているより短いもの。社会に送り出すまでをまずはゴールとして、仕事を続けてもらいたいと思います。

女性の働き方別の生涯賃金「4つのパターン」

正社員。2児出産し、65歳で定年退職	正社員。2児出産し、35歳で退職。その後65歳まで非正規職で働く	正社員。2児出産し、35歳で退職。その後65歳までパートで働く	正社員。2児出産し、35歳で退職。その後65歳まで専業主婦
約2億2,702万円	約1億5,258万円	約9,062万円	約5,388万円

※退職金等は考慮していない。※計算根拠①正社員・正職員及び正社員・正職員以外の給与等、②2子出産年齢、出産離職年齢、③パートタイム労働者月間給与額　出典（参考データ）：①「厚生労働省/令和４年賃金構造基本統計調査（雇用形態別/雇用形態、年齢階級別きまって支給する現金給与額、所定内給与額及び年間賞与その他特別給与額）」②「厚生労働省/令和４年（2022）人口動態統計（確定数）の概況」「厚生労働省/令和3年雇用動向調査結果の概況」③「厚生労働省/毎月勤労統計調査令和4年分結果確報」

教育訓練給付制度（2023年度）

厚生労働大臣が指定する講座（教育訓練）を修了するとその費用の一部が戻ってきます。
事務系から士業、技術系、英語などキャリアアップなどに活用できる多くの講座が用意されています。

	専門実践教育訓練 看護師や調理師など中長期的にキャリアの形成をする	特定一般教育訓練 社労士、税理士、FP技能士など早期のキャリアアップに	一般教育訓練 実用英語やWebクリエイターなど就職にすぐに活かせる
戻ってくる費用	受講中6カ月ごとに費用の50%（年間上限40万円）が支給される。修了後の要件を満たせばさらに追加の支給あり。また、失業者で初めてこの訓練を受ける場合は、年齢要件など一定の要件を満たせば別途支給される。	費用の40%（上限20万円）が修了後に支給される。	費用の20%（上限10万円）が修了後に支給される。
取得できる資格の例	（医療、福祉、保健衛生関係）介護福祉士・看護師・歯科衛生士・美容師	（輸送、機械運転、技術関係）普通自動車第二種免許・大型自動車第一種／第二種免許・中型自動車第一種／第二種免許・自動車整備士・電気主任技術者試験	（事務関係）実用英語技能検定・TOEIC・TOEFL・簿記検定試験
	（専門サービス関係）キャリアコンサルタント	（専門サービス関係）社会保険労務士・税理士・行政書士・司法書士・弁理士・ファイナンシャルプランニング技能検定	（情報関係）Webクリエイター能力認定試験・建築CAD検定・Microsoft Office Specialist 2019・Photoshopクリエイター能力認定試験
	（営業や販売関係）調理師	（営業や販売関係）宅地建物取引士資格試験	（専門サービス関係）中小企業診断士 （営業や販売関係）インテリアコーディネーター

TAKEYA'S TALK

女性として楽しむ！
幸せへのエール

何度もお話ししていますが女性のライフプランは大きなイベントが起こるとその都度軌道の修正が必要です。手間がかかり本当に大変ですね。だからこそ、悔いのないように人生を楽しむ手段を見つけましょう。そこで、「自分の幸せ（幸福）」という軸を中心にそれを支えてくれる5つの要素について左ページで紹介します。

「自分の幸せ」は、言い換えれば、生きる張り合いや喜びになり、その人の人生における意義や目的、考え方そのものでしょう。特に女性はライフイベントの影響を受けて、起伏が大きい人生を歩む可能性があり、その時々に、幸せの感じ方にも変化が起きて当然だと思います。推し活や旅行、子育て、読書や学び、ボランティアなど人それぞれです。ただし、幸せは無条件では持てません。自分の時間、心・からだ、お金、仕事、環境（生活、地域、社会など）についてきちんと考えることが重要です。足りないものがあれば補う努力をしましょう。反対に、5つの要素のうちのどれかを突き出して熱を注いでもいいでしょう。「自分の幸せ」を見つけられると、人生に張り合いがでて、今までは見えていなかった目的や目標、関心事に気づくかもしれません。

私の場合は子育てが始まってから自分の時間の充実度が思うように上がっていません。時間をつくる努力と工夫をしてその中身を充実させることが課題です。半面、仕事は充実しており、もっともっとチャレンジしたいことがあります。

その時々の自分に向き合い課題を見つけ、明日へとチャレンジしていきましょう。

自分の幸せのための5つの要素

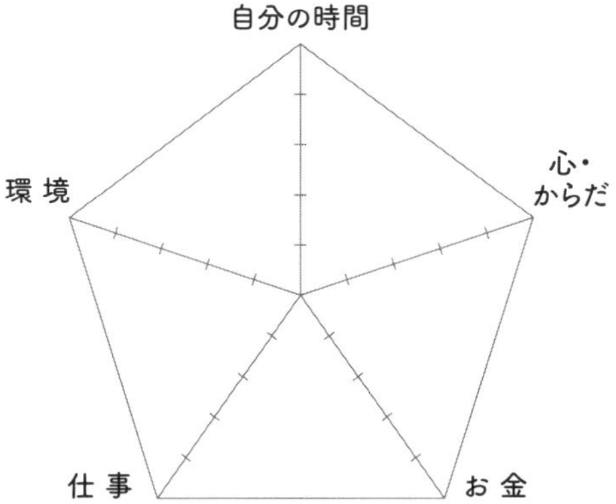

関心事や満たされている度合いをチャートにして「見える化」してみましょう。外郭に行くほどその項目を満たしています。凹んでいる項目があれば、満たすための対策を考えてみましょう。

- **自分の時間**　個人としての生活（趣味や学び、交流など）、やすらぎを持つ。
- **心・からだ**　食事や運動、ストレス解消に気を付ける。
- **お 金**　家計状況の把握。計画を立てる。
- **仕 事**　やり甲斐、能力向上、好奇心などを持つ。ワークライフバランスを考える。
- **環 境**　自分をとり巻く人達や家族とのかかわり。
また生活する環境を整えたり、変化に対応したりする。

チャートの例

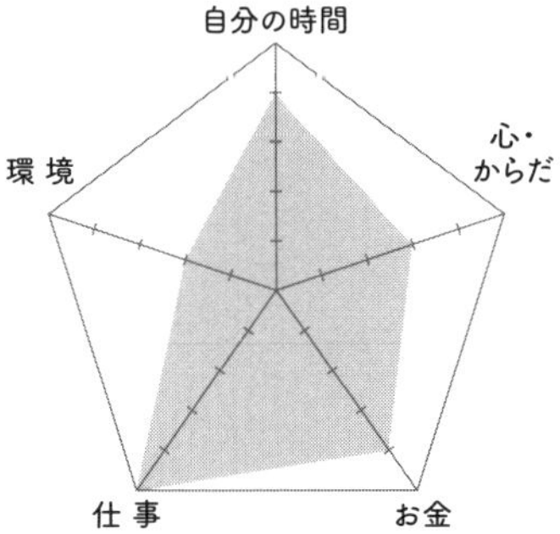

自分の時間
子どもの手が離れてきたので少しある

心・からだ
正直心配なところがあるので改善したい

お 金
あと数年で教育費の目途が立ちそう

仕 事
賃金アップを期待したい

環 境
家族との時間を取れていない

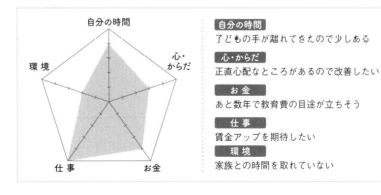

あとがき

私が長女を出産してから28年が経ちました。子どもを取り巻く環境も私たち大人のものと同様に変化しています。金融ではビッグバンやリーマンショックが起こり、東日本大震災という大きな災害を経験しました。また、現在の物価は20年ぶりに上昇しています。お金を使う方法は、テクノロジーの発展でクレジットカードや電子マネーなどキャッシュレスへと大きく変化して、私たちの生活に浸透しました。

そして、本書では、お金のことだけしか触れていませんが、もうひとつ、女の子にこそ、伝えてほしいこともあります。それは数十年の間に次々にやってくる、からだの変化についてです。思春期から女性らしい体つきになり、成熟すると子どもを産む準備ができます。その後閉経を迎えるころにからだには第二の変化が起こります。仕事を続けていれば、責任がある仕事を任されているころ。心とからだのバランスを崩しやすい時期なのです。女性として快適な第二の人生を過ごせるように、経験を交え、これから起こることについて家庭で話題にしてみましょう。

最近では、フェムケアやフェムテックという言葉が使われるようになり、世間でもようやく受け入れられてきたように感じます。からだの変化と上手に付き合って、自分らしい人生を楽しめるようになってほしいですね。

私が本書に関わるきっかけになった感謝の気持ちを片山編集長にお伝えしたいと思います。女の子のために伝えたいことを様々な観点から考えることができました。皆様の子どもは、人生の岐路に立つこともあれば、突然のアクシデントに遭い自分で意思決定をしなければならない経験をすることもあるでしょう。

それでも自分自身を大切にして、自信を持って生きてほしいと願っています。

たけや　きみこ

監修● たけやきみこ

ファイナンシャル・プランナー。
SAKU株式会社代表。2人の子をもつ。
「お金教育」の専門家として、"まわりに流されない家庭教育"をモットーに、
全国の小学校や高校での講演や、子育てサイト・雑誌、TVなどでの発信を続けている。
著書に『子どもの一生を決めるおうちお金教育』(KADOKAWA)、
『一生お金に困らない子どもの育て方』(幻冬舎)、
『マンガでわかる!子どもにちゃんと伝わるお金の「しつけ」』(近代セールス社)など多数。

マンガ● カツヤマケイコ

1975年京都府生まれ。一男二女の3児の母。
百貨店勤務を経てイラストレーター&漫画家に。
著書に自身の子育てを描いた『ごんたイズム』シリーズ(双葉社)、
『まるごとわかる保育園』(共著、自由国民社)などがある。

FP《ファイナンシャルプランナー》たけやきみこ先生が
娘に伝えたい
お金の話
10歳からはじめたい金融教育

2024年1月29日　初版第1刷発行

監修者 ……… たけやきみこ
発行人 ……… 石川和男
発行所 ……… 株式会社小学館
〒101-8001
東京都千代田区一ツ橋2-3-1
編集　03-3230-5446
販売　03-5281-3555

印刷・製本… TOPPAN株式会社

ブックデザイン…名和田耕平デザイン事務所
本文デザイン…久保田りん
法律監修…弁護士法人東京フロンティア基金法律事務所（P106-121）
編集…片山土布　制作…太田真由美　販売…金森悠　宣伝…鈴木里彩

●掲載された情報は、2023年12月時点の情報であり、今後変更されることがありますので、ご留意ください。
●造本には十分注意しておりますが、印刷、製本など製造上の不備がございましたら
「制作局コールセンター」(フリーダイヤル 0120-336-340)にご連絡ください。
(電話受付は、土・日・祝休日を除く9:30～17:30)

ISBN978-4-09-311560-5